cic 工业和信息化蓝皮书
BLUE BOOK OF INDUSTRY AND INFORMATIZATION

2020—2021
新兴产业发展报告

ANNUAL REPORT ON THE DEVELOPMENT OF
EMERGING INDUSTRIES

赵 岩 主编

国家工业信息安全发展研究中心

电子工业出版社
Publishing House of Electronics Industry
北京·BEIJING

内 容 简 介

　　本书全面分析了 2020 年全球新兴产业发展动态和我国新兴产业发展现状，并对 2021 年的发展趋势进行了展望，以物联网、新能源汽车为重点，分析了产业发展动态；跟踪分析了 2020 年工业经济领域相关专题，包括战略性新兴产业集群、产业链安全和现代化、全球产业战略变化等专题。汇集了 2020 年新兴产业主要指数运行、新兴产业 TOP 企业名单、新兴产业政策进展、新兴产业未来前沿方向判断等。

　　本书有助于公众了解世界及中国新兴产业的发展动态，对政策部门决策、行业协会管理、产业研究及企业发展具有重要参考价值。

未经许可，不得以任何方式复制或抄袭本书之部分或全部内容。
版权所有，侵权必究。

图书在版编目（CIP）数据

新兴产业发展报告.2020—2021 / 赵岩主编. —北京：电子工业出版社，2021.8
（工业和信息化蓝皮书）
ISBN 978-7-121-41866-2

Ⅰ. ①新… Ⅱ. ①赵… Ⅲ. ①新兴产业－产业发展－研究报告－中国－2020—2021
Ⅳ. ①F279.244.4

中国版本图书馆 CIP 数据核字（2021）第 169174 号

责任编辑：刘小琳　　特约编辑：朱　言
印　　　刷：北京盛通印刷股份有限公司
装　　　订：北京盛通印刷股份有限公司
出版发行：电子工业出版社
　　　　　北京市海淀区万寿路 173 信箱　邮编：100036
开　　　本：720×1 000　1/16　印张：12.25　字数：195 千字
版　　　次：2021 年 8 月第 1 版
印　　　次：2021 年 8 月第 1 次印刷
定　　　价：128.00 元

　　凡所购买电子工业出版社图书有缺损问题，请向购买书店调换。若书店售缺，请与本社发行部联系，联系及邮购电话：（010）88254888，88258888。
　　质量投诉请发邮件至 zlts@phei.com.cn，盗版侵权举报请发邮件至 dbqq@phei.com.cn。
　　本书咨询联系方式：liuxl@phei.com.cn，（010）88254538。

工业和信息化蓝皮书
编委会

主　　编：赵　岩

副 主 编：蒋　艳　　何小龙　　谢雨琦　　郝志强

　　　　　　董大健　　吕　坚　　李　丽

编　　委：黄　鹏　　宋艳飞　　夏万利　　刘永东

　　　　　　雷晓斌　　陈正坤　　李　君　　高　焕

　　　　　　拓冬梅

《新兴产业发展报告（2020—2021）》课题组

课题编写	国家工业信息安全发展研究中心工业经济所
组　　长	蒋艳
副 组 长	夏万利　冯　媛
成　　员	李　彬　杨培泽　吴洪振　李　炜
	高　帅　李宁宁　窦　超　赵佩玉
	宋晓晶　张鲁生　陈　健　郭　雯
	马冬雪　刘浩波　黄馨仪　郑　晖

主编简介

赵岩，国家工业信息安全发展研究中心主任、党委副书记，高级工程师；全国信息化和工业化融合管理标准化技术委员会副主任委员；长期致力于科技、数字经济、产业经济、两化融合、工业信息安全、新一代信息技术等领域的政策研究、产业咨询、技术创新和行业管理工作；主持和参与多项国家和省级规划政策制定；主持多项国家科技安全专项、重大工程专项和国家重点研发计划项目；公开发表多篇文章，编著多部报告和书籍。

国家工业信息安全发展研究中心简介

国家工业信息安全发展研究中心（工业和信息化部电子第一研究所，以下简称"中心"），是工业和信息化部直属事业单位。经过 60 多年的发展与积淀，中心以"支撑政府、服务行业"为宗旨，构建了以工业信息安全、产业数字化、软件和知识产权、智库支撑四大板块为核心的业务体系，发展成为工业和信息化领域有重要影响力的研究咨询与决策支撑机构，以及国防科技、装备发展工业的电子领域技术基础核心情报研究机构。

中心业务范围涵盖工业信息安全、两化融合、工业互联网、软件和信创产业、工业经济、数字经济、国防电子等领域，提供智库咨询、技术研发、检验检测、试验验证、评估评价、知识产权、数据资源等公共服务，并长期承担声像采集制作、档案文献、科技期刊、工程建设、年鉴出版等管理支撑工作。中心服务对象包括工业和信息化部、中共中央网络安全和信息化委员会办公室、科学技术部、国家发展和改革委员会等政府机构，以及科研院所、企事业单位和高等院校等各类主体。

"十四五"时期，中心将深入贯彻总体国家安全观，统筹发展和安全，聚焦主责主业，突出特色、整合资源，勇担工业信息安全保障主要责任，强化产业链供应链安全研究支撑，推进制造业数字化转型，支撑服务国防军工科技创新，着力建设一流工业信息安全综合保障体系、一流特色高端智库，构建产业数字化数据赋能、关键软件应用推广、知识产权全生命周期三大服务体系，打造具有核心竞争力的智库支撑、公共服务、市场化发展3种能力，发展成为保障工业信息安全的国家队、服务数字化发展的思想库、培育软件产业生态的推进器、促进军民科技协同创新的生力军，更好地服务我国工业和信息化事业高质量发展。

序

当前世界正在经历百年未有之大变局，新一轮科技革命和产业变革深入发展，国际力量对比深刻调整。新冠肺炎疫情给世界经济带来的冲击正在进一步显现，全球经济一体化萎缩，贸易保护主义兴起。科技脱钩、网络攻击、规则博弈等冲突进一步加剧，使不同发展理念、体系、路径、能力分化加快。我们必须深刻认识错综复杂的国际环境带来的新矛盾和新挑战，增强风险意识和机遇意识，保持战略定力，趋利避害。习近平总书记强调，"要主动应变、化危为机，以科技创新和数字化变革催生新的发展动能"。

以网络和信息技术为代表的新一轮科技革命不断推动传统经济发展和产业模式的变革，数字经济成为新格局的重要标志。各国家和地区纷纷发布高科技战略，抢占未来技术竞争制高点。例如，美国的《关键和新兴技术国家战略》、欧盟的《2030 数字指南针：欧盟数字十年战略》、韩国的《2021—2035 核心技术计划》等，均大力布局人工智能、半导体、生物技术、量子计算、先进通信等前沿技术。2020 年以来，我国也出台了《新时期促进集成电路产业和软件产业高质量发展的若干政策》和《工业互联网创新发展行动计划（2021—2023 年）》等引导政策，鼓励 5G、集成电路、工业互联网等重点 IT 产业发展。《中华人民共和国国民经济和社会发展第十四个五年规划和 2035 年远景目标纲要》（以下简称《纲要》）将加强关键数字技术创新应用，特别是高端芯片、操作系统、人工智能、传感器等关键领域的技术产品应用列为当前政策鼓励重点。

新冠肺炎疫情导致全球消费模式发生变化，根据麦肯锡 2021 年 1 月发布的报告，新冠肺炎疫情使超过 60%的消费者改变了购物习惯，37%的消费者更多地选择在网上购物；企业开始使用在线客户服务、远程办公，并使用 AI 和机器学习来改进运营；数字化创业企业大量涌现，企业间并购重组行为增多。同时，新冠肺炎疫情揭示了许多企业供应链的脆弱性，全球供应链面临重构，未来的供应链链条将趋于区域化、本地化、分散化。从全球来看，发达国家尤其是美国一直高度重视供应链安全，美国近几年发布了《全球供应链安全国家战略》《建立可信 ICT 供应链白皮书》等多个文件，拜登政府在短短几个月内发布了 3 个相关行政令——《可持续公共卫生供应链行政命令》《确保未来由美工人在美制造行政令》《美国供应链行政令》，不断强化自主供应链建设，并联合盟友共同维护供应链安全。面对部分发达国家从供需两侧对我国供应链的限制，中央经济工作会议强调要增强产业链供应链自主可控能力，并做出一系列部署，强化高端通用芯片、机器人、高精度减速器、工业软件、光刻机等高端产品的自主性。《纲要》进一步提出实施"上云用数赋智"行动，推动数据赋能全产业链协同转型。

数字化的快速推进导致网络风险呈指数级增长。美国欧亚集团认为，未来 5 到 10 年内，网络安全将成为全球第三大风险。一方面，很多国家和地区纷纷通过加强数据保护等举措努力在维护公共利益和保护个人隐私之间寻求平衡。另一方面，网络漏洞、数据泄露等问题日益凸显，有组织、有目的的网络攻击不断增多，网络安全防护工作面临更多挑战。国家工业信息安全发展研究中心监测数据显示，2020 年全球工业信息安全事件涉及 8 大领域、16 个细分领域，其中，装备制造、能源等行业遭受的网络攻击最严重，交通运输、电子信息制造、消费品制造、水利等行业网络攻击呈现高发态势。2020 年以来，我国发布了《数据安全法》《电信和互联网行业数据安全标准体系建设指南》《工业互联网数据安全防护指南》《关于开展工业互联网企业网络安全分类分级管理试点工作的通知》等法律法规和规范文件，形成我国在数据安全、工业网络安全防护等方面的基本制度安排。

我们要围绕产业链部署创新链、围绕创新链布局产业链，推动经济高质量发展迈出更大步伐。进一步强调创新在现代化建设全局中的核心地位，把科技自立自强作为国家发展的战略支撑，以创新驱动引领高质量供给和创新需求，畅通国内大循环，促进国内国际双循环，全面促进消费，拓展投资空间，深入推动数字经济与实体经济融合，强化产业链安全，打造良好的产业生态，实现产业链各方"共创、共享、共赢"。

新时期，工业和信息化发展的着力点包括以下几个方面。

一是加强国家创新体系建设。打造国家战略科技力量，推动产学研用合作，强化科技创新与产业政策之间的协同效应。围绕创新链布局产业链，依托科技创新成果开辟新的产业和业态。创新链引发的创新行为既提升了产业各环节的价值，也拓展和延伸了产业链条。围绕产业链部署创新链，产业链的每个环节或节点都可能成为创新的爆发点，从而带动整个产业链中各环节的协同创新。这种闭环关系体现了创新链与产业链的深度融合、科技与经济的深度融合。

二是加快产业数字化转型。目前，我国消费端的数字化转型进程较快，但产业端数字化转型相对滞后，影响了数字经济的整体发展。通过深化数字技术在实体经济中的应用，实现传统产业的数字化、网络化、智能化转型，不断释放数字技术对经济发展的放大、叠加、倍增作用，是传统产业实现质量变革、效率变革、动力变革的重要途径。"十四五"时期要围绕加快发展现代产业体系，推动互联网、大数据、人工智能等同各产业深度融合，实施"上云用数赋智"，大力推进产业数字化转型，提高全要素生产率，提高经济质量效益和核心竞争力。

三是加快数字化人才培养。数字化转型不仅涉及数字技术的运用，而且涉及组织结构和业务流程再造。在这个过程中，数字化人才建设至关重要。数字化人才既包括首席数据官等数字化领导者，也包括软件工程师、硬件工程师、大数据专家等数字化专业人才，还包括将数字化专业技术与企业转型实践结合起来的数字化应用人才。这需要高校、企业、研究机构和社会各界力量积极参与，通过校企合作、产教融合、就业培训等多种形式，开设适应不同人群、不同层次的教育培训课程，提高全民的数字素养和数字技能。《纲要》要求，"加强全民数字技能教育和培训，普及提升公民数字素养"。针对劳动者的数字职业技能，人力资源和社会保障部研究制定了《提升全民数字技能工作方案》对数字技能培养提出了具体举措。

四是充分发挥市场与政府的作用。将有效市场与有为政府结合，企业是市场经济主体，但政府的作用也必不可少。工业互联网作为产业数字化的重要载体已进入发展快车道，在航空、石油化工、钢铁、家电、服装、机械等多个行业得到应用。基于工业互联网平台开展面向不同场景的应用创新，不断拓展行业价值空间，赋能中小企业数字化转型。为确保该产业健康发展，工业和信息化部等十部门已印发《加强工业互联网安全工作的指导意见》，明确建立监督检查、信息共享和通报、应急处置等工业互联网安全管理制度，建设国家工业互联网安全技术保障平台、基础资源库和安全测试验证环境，构建工业互联网安全评估体系，为培育具有核心竞争力的工业互联网企业提供良好环境。

五是大力支持中小微企业发展。中小微企业是数字化转型和数字经济发展的关键。中央政府层面已经推出多项减税降费举措，并鼓励金融资本服务实体经济，积极利用金融资本赋能产业技术创新和应用发展，打造多元化资金支持体系，努力形成产业与金融良性互动、共生共荣的生态环境。工业和信息化部通过制造业单项冠军企业培育提升专项行动、支持"专精特新"中小企业高质量发展等举措，大大提升了中小企业创新能力和专业化水平，有助于提升产业链供应链稳定性和竞争力。国家发展和改革委员会联合相关部门、地方、企业近150家单位启动数字化转型伙伴行动，推出500余项帮扶举措，为中小微企业数字化转型纾困。

2021年，面对日趋复杂、严峻的国际竞争格局，我们需要坚持以习近平新时代中国特色社会主义思想为指导，准确识变、科学应变、主动求变，积极塑造新时代我国工业和信息化建设新优势、新格局。值此之际，国家工业信息安全发展研究中心推出2020—2021年度"工业和信息化蓝皮书"，深入分析数字经济、数字化转型、工业信息安全、人工智能、新兴产业、中小企业和"一带一路"产业合作等重点领域的发展态势。相信这套蓝皮书有助于读者全面理解和把握我国工业和信息化领域的发展形势、机遇和挑战,共同为网络强国和制造强国建设贡献力量。

是以为序。

中国工程院院士

摘　要

2020年，全球新兴产业仍然保持着较高的增长趋势，规模不断发展壮大，世界新兴产业前沿技术研究不断取得新突破，人工智能、生物医疗、新材料领域技术研发取得重要进展，全球合作不断深化，合作机制日益多元化，新兴产业开始融合渗透到其他产业链，其融合广度和深度不断加强。

2020年，我国政府不断优化政策环境，进一步扶持新兴产业发展，2020年1—11月，规模以上战略性新兴服务业企业营业收入同比增长8.6%，增速高于规模以上服务业7个百分点，新兴产业发展空间继续拓展。全国各地区新兴产业整体发展态势良好，东部地区新兴产业继续快速增长并保持领先，其余各地区新兴产业稳步前进。中国技术创新能力不断增强，多个战略性新兴产业取得重大技术突破。新兴产业及代表企业持续发力，市场地位继续提升。

展望2021年，新兴产业集群与都市圈发展并进，成为地方经济增长的重要引擎。新材料产业的战略地位不断提高，与其他产业之间的融合不断加深。新兴产业领域国际竞争与合作并存。"十四五"时期，战略性新兴产业将成为我国现代经济体系建设的新支柱，是破解经济社会发展不平衡、不充分难题的关键产业。战略性新兴产业集群以提升产业创新能力、坚持开放融合发展为发展方向，以筑牢产业安全体系、破解产业发展"卡脖子"问题为核心任务，提高新兴产业集群现代化治理能力，推动集群内大中小企业协同发展，构建战略性新兴产业集群创新共同体，完善新兴产业集群公共服务体系建设。

2021年工业经济相关热点领域纷繁复杂，本报告持续追踪了物联网、新能源汽车产业的发展现状及对策，进行专题深度分析，包括战略性新兴产业集群、产业链安全和现代化、全球产业战略变化等专题。报告同时总结了2020年新兴产业主要指数、新兴产业TOP企业名单、新兴产业政策，以及相关机构对新兴产业未来前沿方向判断等。

关键词： 新兴产业；发展趋势；工业经济；热点

Abstract

In 2020, the global emerging industries still maintain a high growth trend, and the scale will continue to develop and grow. New breakthroughs will be made in the researches on the frontier technology of the world's emerging industries. Important progress will be made in the research and development of technologies in the fields of artificial intelligence, biomedicine and new materials. Global cooperation will continue to deepen, and cooperation mechanisms will become increasingly diversified. Emerging industries will begin to integrate and penetrate into other industrial chains. The degree and depth have been continuously strengthened.

In 2020, the Chinese government continue to optimize the policy environment and further support the development of emerging industries. From January to November 2020, the operating revenue of strategic emerging service industry enterprises above Designated Size grow by 8.6 percent year on year, 7 percentage points higher than that of service industry enterprises above Designated Size, and the development space of emerging industries continue to expand. The overall development trend of emerging industries in various regions of the country is good, the eastern region continues to grow rapidly and remains in the lead, while the emerging industries in other regions are advancing steadily. Chinese technological innovation capability has been continuously enhanced, and a number of strategic emerging industries have made major technological breakthroughs. Emerging industries and representative enterprises continue to make efforts, and their market position continues to improve.

Looking forward to 2021, emerging industrial clusters and metropolitan areas will develop at the same time and become an important engine of local economic growth. The strategic position of new material industry is constantly improving, and the integration with other industries is deepening. International competition and cooperation coexist in the field of emerging industries. During the "14th Five-Year Plan" period, strategic emerging industries will become the new pillar of Chinese modern economic system construction and the key industry to solve the problem of unbalanced and inadequate economic and social development. The strategic emerging industry cluster aims to enhance the industrial innovation ability and adhere to the open and integrated development as the development direction. The core task of the strategic emerging industry cluster is to build a solid industrial security system and crack the "neck" problem of industrial development. It improves the modern governance ability of the emerging industry cluster, promotes the coordinated development of large, medium and small enterprises in the cluster, constructs the innovation community of the strategic emerging industry cluster, and improves the emerging industry cluster public service system construction of industrial clusters.

In 2021, the hot areas related to industrial economy are numerous and complex. This report continuously tracks the development status and countermeasures of the internet of things and new energy vehicle industry. Carry out in-depth analysis of special topics, including strategic emerging industry clusters, industrial chain security and modernization, global industrial strategic change. It also summarizes the main index of emerging industries in 2020, the list of top enterprises in emerging industries, the progress of emerging industry policies, and the judgment of relevant institutions on the future frontier direction of emerging industries.

Keywords: Emerging Industry; Development Trends; Industry Economic; Hot Spot

目　录

Ⅰ 总报告

B.1 2020年全球和中国新兴产业发展态势 …………… 李彬　赵佩玉 / 001

B.2 战略性新兴产业集群发展情况及建议 ………………………… 杨培泽 / 020

Ⅱ 产业篇

B.3 物联网产业发展现状及对策 …………………………………… 李炜 / 033

B.4 新能源汽车产业发展及专利布局情况研究 …………………… 吴洪振 / 055

Ⅲ 专题篇

B.5 新冠肺炎疫情对我国制造业产业链安全的影响及应对 ……… 高帅 / 065

B.6 提升产业链供应链现代化水平的几个思考 …………………… 李彬 / 072

B.7 全球产业战略变化新趋势对我国工业发展的影响

　　……………………… 李宁宁　李彬　吴洪振　杨培泽　窦超 / 076

Ⅳ 附录

- B.8　2020年新兴产业指数 …………………………………………… / 086
- B.9　2020年新兴产业TOP企业 ……………………………………… / 095
- B.10　2020年新兴产业政策 …………………………………………… / 123
- B.11　新兴产业未来前沿方向 ………………………………………… / 136

Ⅰ 总报告
General Reports

B.1
2020年全球和中国新兴产业发展态势

李彬　赵佩玉[1]

摘　要： 尽管受到新冠肺炎疫情的冲击，战略性新兴产业在2020年仍然保持着较高的增长趋势。国际上，各国纷纷意识到新兴产业发展对于下一阶段国际竞争的重要意义，越来越多的国家开始布局新兴产业；新兴产业前沿技术取得了一项又一项突破，国际技术合作不断加深；同时新兴产业之间及其与传统产业之间的交叉和融合不断加深。在国内，战略性新兴产业成为我国2020年经济增长的重要支撑，政府给予了产业发展较大的支持力度，各地特色新兴产业蓬勃发展，技术研发取得多项突破，国内企业推出了不少代表性的新产品，市场地位不断提升。展望2021年，我们认为在国内大力推进"粤港澳大湾区""京津冀一体化"等区域一体化战略的背景下，新兴产业的发展将成为区域转型升级的重要

---

[1] 李彬，国家工业信息安全发展研究中心高级工程师，博士，研究方向为工业发展和投资、新兴产业；赵佩玉，国家工业信息安全发展研究中心实习生。

引擎，其自身发展也会从区域的要素整合和更合理的产业布局中受益；由于新材料是其他新兴产业发展的重要基础，其战略地位将不断提高；下一阶段国家间的技术竞争将更加激烈，国际竞争与合作将会并存。

关键词： 全球及中国新兴产业；技术创新；区域一体化；国际竞争与合作

Abstract： Despite the impact of the COVID-19, emerging industries still maintain a relatively high growth trend in 2020. Internationally, countries around the world have realized the importance of emerging industries in the next stage of competition. More and more countries have formulated strategic plans to push the development strategic emerging industries. The cutting-edge technologies of emerging industries made many breakthroughs in 2020. International technical cooperation has continued to diversify. At the same time, the integration within emerging industries and between traditional industries and emerging industries has continued to deepen. In China, strategic emerging industries have become an important drive for Chinese economic growth in 2020. The government has implemented various polices to support the development of strategic emerging industries. Strategic emerging industries with local characteristics are booming, technological researches and developments have made many breakthroughs, domestic companies have launched many representative products, the market power of Chinese companies continues to improve. Looking forward to 2021, we believe that under the background of domestic vigorously promoting regional integration strategies, such as the "Guangdong-Hong Kong-Macao Greater Bay Area" "Beijing-Tianjin-Hebei Integration", the development of emerging industries will become an important engine for regional transformation and upgrading, and its own development will benefit from the integration of regional elements and a more reasonable industrial layout; as new materials are an important foundation for the development of other strategic emerging industries, their strategic position will continue to raise. The next stage of technological competition between countries will become more intense, international competition and cooperation will coexist.

Keywords: Emerging Industry in China and the World; Technology Innovation; International Competition and Cooperation; Regional Integration

一、2020年全球新兴产业发展现状及趋势

尽管受到新冠肺炎疫情的冲击，2020年战略性新兴产业仍然保持了较好的发展趋势。国际竞争和国际合作并存，不少国家对新兴产业的发展给予了战略上的高度重视，科技巨头的海外收购对促进新兴产业技术研发的国际合作起到了重要的推动作用。同时，新兴产业的发展改造和升级了传统产业，新兴产业之间的融合和交叉也不断增多，渗透广度和深度均有提高。

（一）前沿技术研究不断取得新突破，人工智能、生物医疗、新材料领域技术研发取得重要进展

人工智能技术及其在各个领域的应用得到了极大的突破。2020年5月，OpenAI发布了全球规模最大的预训练语言模型GPT-3。该语言训练模型的性能优势在于处理自然语言数据，可以出色完成翻译、问答和文本填空任务，也可以完成一些即时推理或领域适应的任务。2020年12月，智源

学者、北京大学研究员杨玉超及其团队提出并实现了一种基于相变存储器（PCM）电导随机性的神经网络高速训练系统。该系统在大型卷积神经网络的训练过程中表现优异，为人工神经网络在终端平台上的应用及片上训练的实现提供了新的方向。在应用上，2020年11月30日，谷歌旗下DeepMind公司的AlphaFold2人工智能系统对蛋白质结构预测的准确性，可以与使用冷冻电子显微镜（CryoEM）、核磁共振或X射线晶体学等实验技术解析的蛋白质3D结构相媲美，将蛋白质结构预测任务做到了基本接近实用的水平。在自动驾驶汽车领域，来自MIT计算机科学与人工智能实验室（CSAIL）、维也纳工业大学、奥地利科技学院的团队仅用19个类脑神经元就实现了控制自动驾驶汽车，而常规的深度神经网络则需要数百万个神经元。此外，这一神经网络能够模仿学习，具有扩展到仓库的自动化机器人等应用场景的潜力。

2020年生物医药方面的突破主要集中在抗衰老、基因测序和细胞研究上。以色列理工大学结合质谱和计算两种方法，开发出快速且廉价地分析血液样本的新方法。美国和喀麦隆科研人员找到了与脑疟疾发展相关的关键分子EphA2蛋白；美国的一项新研究发现了可以杀死人类癌细胞的脂肪酸二高-γ-亚麻酸（DGLA）。德国马克斯·普朗克脑研究所绘制了抑制性神经元回路的发育图谱，并发现了独特的回路形成原理。

在新材料方面，韩国和英国联合开发了超低介电新星——非晶氮化硼，该材料在100kHz和1MHz的工作频率下分别展示了介电值1.78和1.16的超低介电性质，极度接近于空气和真空的介电值1，并且表现出了优异的机械、高压稳定性，可以有效解决现代电子器件由于金属连接器维度降低和堆叠密度增加导致的运行速度降低的问题。马里兰大学材料科学与工程系胡良兵、莫一非，弗吉尼亚理工大学郑小雨和加利福尼亚大学圣迭戈分校骆建合作将具有26000年历史的陶瓷制造工艺改造成一种创新的陶瓷材料制造方法，该联合研究团队开发的超高速高温烧结新方法具有加热速度快、冷却速度快、温度分布均匀、烧结温度高达3000℃等优点。这些工艺所需的总处理时间不到10秒，比传统的烧结炉方法快1000倍以上。

这种陶瓷材料在固态电池、燃料电池、3D 打印技术等领域有着广阔的应用前景。2020 年 10 月，加利福尼亚大学圣塔芭芭拉分校的 Susannah Scott 等人提出了一种在低温环境下将废弃的聚乙烯转化为价值更高的长链烷基芳烃的创新方法。长链烷基芳烃是洗涤剂、润滑剂和制冷剂的重要成分，比聚乙烯塑料更有价值。该工作的创新思路是开发一种新的串联催化方法，该方法不仅可以直接从废聚乙烯塑料中制造出高价值的烷基芳族分子，而且可以高效、低成本、低能耗地进行。结果表明，该工艺路线能够产生平均碳原子数约为 30 的长链烷基芳烃和烷基环烷酸酯，产率约为 80%。尽管催化收率比低分子量聚乙烯模型化合物的转化率要低一些，但聚合物的密度和支化度对新开发的氢解-芳构化串联工艺影响不大。该技术可以有效地将废塑料转变为高附加值产品。

（二）全球合作不断深化，合作机制日益多元化

科技巨头在人工智能领域的全球合作中发挥着重要的作用，截至 2020 年上半年，全球共有 28 个国家和地区的 398 家 AI 企业获得风险投资，中国企业也积极参与到此轮投资中，中国有 118 家 AI 企业获投，获投企业数量占全球的 29.6%。苹果、谷歌、微软、Facebook、英特尔、亚马逊、百度、阿里巴巴、京东、腾讯等科技巨头都是最为活跃的人工智能初创企业收购者。这些科技巨头往往采用建立海外实验室的方法网罗全球人才，例如，微软的全球七大研究院，分布于美国、中国、印度等地；IBM 在全球建立了 12 大研究院，其中 IBM 中国研究院集中于物联网、云计算等研究。中国企业也积极在全球建立研发机构，起初其海外研发机构往往集中在美国硅谷，近些年开始扩展到新加坡、德国等国家。百度硅谷人工智能实验室于 2014 年在美国硅谷正式成立；2017 年 5 月，腾讯成立美国西雅图 AI 实验室；2018 年 4 月，新浪微博在美国硅谷 Palo Alto 成立微博北美研发中心，主要技术方向为 AI；2018 年 9 月，深兰科技与卢森堡国家实验室合建研究中心；2018 年 2 月，阿里巴巴达摩院与新加坡南洋理工大

学（NTU）合作正式成立了首个海外联合研究机构。

（三）新兴产业开始融合渗透其他产业链，其融合广度和深度不断加强

自"工业互联网"的概念提出后，全球工业互联网和产业融合平台建设不断加强，全球产业融合广度和深度不断加强。

新兴产业的融合渗透是多方向的。一方面，战略性新兴产业的技术开始渗透融合到其产业链上下游，如新材料产业链向下游应用延伸，上下游产业纵向融合、协同发展，推动新材料日趋低维化和复合化、结构功能一体化、功能材料智能化、材料与器件集成化、制备及应用绿色化发展。另一方面，战略性新兴产业之间的产业融合将越来越多，如信息技术与材料科学相融合，美国哈佛大学和普渡大学利用人工智能技术预测制备亚硒酸钠晶体的反应条件，预测结果比拥有超过十年经验的材料化学家更准确，而信息技术、生物技术、新能源技术、新材料技术等的交叉融合，正推动战略性新兴产业从单点技术和单一产品创新加速向多技术、多产业融合互动的系统化、集成化创新转变。

战略性新兴产业与传统产业的融合不断发展。例如，数字经济从企业结构组织方式、生产缓解等方面改造了传统服务业，不仅可以提升企业运行效率，还可以预测和培养消费者需求，从而不断催生新的经济增长点。再如，机器人技术、信息技术、人工智能与传统医疗器械产业的融合催生手术机器人、人工智能支架等新产品，加速推动传统医疗器械向新一代医疗器械转型升级。

二、2020年中国新兴产业发展现状

2020年国家各部门继续出台政策促进各产业的发展，我国战略性新兴产业在2020年仍然保持了较快的增长。新一代信息技术产业和生物医

药产业仍处于领头羊地位，绿色低碳发展的概念不断强化，数字创意产业以其较高的趣味性和传播性受到重视；地区逐渐形成地方特色新兴产业，成为地方经济增长的新引擎；技术创新能力不断提升，在多个领域均有重大突破；代表性企业的品牌特色产品不断更新和完善，市场地位不断提升。

（一）政府不断优化政策环境，进一步扶持新兴产业发展

我国高度重视战略性新兴产业的发展，2020年中共中央、国务院、各部委推出多种优惠政策来扶持新兴产业的发展：《中共中央关于制定国民经济和社会发展第十四个五年规划和二〇三五年远景目标的建议》明确提出，加快壮大新一代信息技术、生物技术、新能源、新材料、高端装备、新能源汽车、绿色环保以及航空航天、海洋装备等产业；2020年9月8日，国家发展和改革委员会、科技部、工业和信息化部、财政部四部门联合印发了《关于扩大战略性新兴产业投资 培育壮大新增长点增长极的指导意见》（发改高技〔2020〕1409号），提出了鼓励战略性新兴产业投资的重要任务，继续优化投资环境。具体到各战略性新兴产业，国家各部门也针对性地出台了相应的政策，表1-1简要介绍了我国2020年发布的战略性新兴产业政策。

表1-1 我国2020年发布的战略性新兴产业政策

细分产业	时间	政策规划	重点内容
新一代信息技术产业	2020-10	《"工业互联网+安全生产"行动计划（2021—2023年）》	重点任务包括建设"工业互联网+安全生产"新型基础设施、打造基于工业互联网的安全生产新型能力、深化工业互联网和安全生产的融合应用、构建"工业互联网+安全生产"支撑体系
	2020-12	《关于促进集成电路产业和软件产业高质量发展企业所得税政策的公告》	为促进集成电路产业和软件产业高质量发展，向集成电路生产、设计、装备、材料、封装、测试企业和软件企业提供所得税优惠

续表

细分产业	时间	政策规划	重点内容
高端装备制造业	2020-07	《重大技术装备进口税收政策管理办法实施细则》	申请享受重大技术装备进口税收政策的企业一般应为生产国家支持发展的重大技术装备或产品的企业，承诺具备较强的设计研发和生产制造能力及专业比较齐全的技术人员队伍，申请享受重大技术装备进口税收政策的核电项目业主应为核电领域承担重大技术装备依托项目的业主
新材料产业	2020-12	《工业和信息化部办公厅 银保监会办公厅关于开展2020年度重点新材料首批次应用保险补偿机制试点工作的通知》	生产《重点新材料首批次应用示范指导目录（2019年版）》内新材料产品，且于2020年1月1日至2020年12月31日期间投保重点新材料首批次应用综合保险的企业，符合首批次保险补偿工作相关要求，可提出保费补贴申请。申请保费补贴的产品应由新材料用户单位直接购买使用，用户单位为关联企业及贸易商的不得提出保费补贴申请，原则上单个品种的销售合同金额不低于500万元。已获得保险补贴资金的项目，原则上不得提出续保保费补贴申请。享受过保险补偿政策的首台套装备的材料不在本政策支持范围内
新能源产业	2020-06	《清洁能源发展专项资金管理暂行办法》	清洁能源发展专项资金（以下简称专项资金），是指通过中央一般公共预算安排，用于支持可再生能源、清洁化石能源及化石能源清洁化利用等能源清洁开发利用的专项资金。专项资金实行专款专用，进行专项管理。专项资金实施期限为2020—2024年，到期后按照规定程序申请延续
新能源汽车产业	2020-11	《新能源汽车产业发展规划（2021—2035年）》	我国新能源汽车发展面临着核心技术创新能力不强、质量保障体系有待完善、基础设施建设仍显滞后、产业生态尚不健全、市场竞争日益加剧等问题。为推动新能源汽车产业高质量发展，国务院办公厅制定了此规划，要坚持市场主导、创新驱动、协调推进、开放发展的基本原则，力争经过15年的持续努力，我国新能源汽车核心技术达到国际先进水平，质量品牌具备较强国际竞争力

续表

细分产业	时间	政策规划	重点内容
新能源汽车产业	2020-08	《新能源汽车生产企业及产品准入管理规定》	该规定对新能源汽车申请准入、新能源汽车准入等进行了规定
	2020-06	《关于修改〈乘用车企业平均燃料消耗量与新能源汽车积分并行管理办法〉的决定》	对《乘用车企业平均燃料消耗量与新能源汽车积分并行管理办法》进行修改

资料来源：根据公开资料不完全统计。

（二）2020年前三季度增加值增长8.4%，新兴产业发展空间继续拓展

2020年，在新冠肺炎疫情冲击、全球经济萎靡的情况下，我国战略性新兴产业仍有亮眼的表现，是我国经济增长和产业结构转型的重要动力。2020年1—11月，规模以上战略性新兴服务业企业营业收入同比增长8.6%，增速高于规模以上服务业7个百分点。2020年规模以上高技术制造业增加值同比增加7.1%，高于全部规模以上工业4.3个百分点。2020年高技术产业投资增长10.6%，增速比全部投资高7.7个百分点，拉动全部投资增长0.8个百分点。战略性新兴产业的蓬勃发展也体现在产品产量上，3D打印设备、智能手表、民用无人机、集成电路圆片等新兴产品产量增速同比增长1倍以上。

（三）2020年新兴产业整体稳步发展，重点新兴产业呈全面发展态势

1. 新一代信息技术产业和生物产业领头地位得到进一步巩固

新一代信息技术产业继续蓬勃发展，数据、知识资本、新兴基础设施成为新的生产要素，生产方式智能化、产业形态数字化在微观和宏观上极

大地提升了生产效率和全社会资源配置。

互联网和相关服务业整体运行平稳。2020年，互联网企业共完成信息服务收入7068亿元，同比增长11.5%，增速低于2019年同期11.2个百分点，其中，在线教育企业因为新冠肺炎疫情期间的旺盛需求业务收入高速增长，直播带货、社交团购等销售方式持续活跃。

从基础设施的建设来看，2020年我国基础设施更加完备，光纤接入用户数已达4.54亿户，4G基站和用户数量全球领先，5G规模部署持续提速，自2019年5G商用以来，我国已经建成了全球最大的5G网络，5G基站超71.8万个，5G终端连接数突破2亿个。5G+远程会诊在19个省份的60多家医院上线使用，5G+自动驾驶、5G+智慧电网、5G+远程教育等新模式、新业态不断涌现。同时，我国工业互联网建设正稳步推进，全国建成超过70个有影响力的工业互联网平台，连接工业设备数量达4000万套，工业互联网产业规模达3万亿元；在空天网络方面，2020年我国成功发射第55颗北斗导航卫星，随后成功将天通一号02星送入预定轨道，将为覆盖范围用户提供稳定的移动通信业务。我国也在积极进行6G的研发。从目前行业专家勾勒的愿景来看，6G将在5G万物互联的基础上进一步打开万物智联的大门，6G将以更高的速率、更低的时延，应用毫米波、太赫兹等高频资源，并充分与人工智能技术结合，实现空天地海的"无缝连接"。

生物产业发展迅速，市场前景巨大。随着我国居民生活水平的提高和生活质量的改善，人们对健康越来越重视。同时，我国人口老龄化问题逐渐凸显，对生物医药产业的需求提高。近年来，我国医药制造业主营业收入一直高于GDP的增速。国家统计局统计的数据显示，2020年1—12月，医药制造业营业收入为24857.3亿元，同比增长4.5%，高于规模以上工业3.7个百分点；利润总额为3506.7亿元，同比增长12.8%。

2. 绿色低碳产业成为新兴产业发展新引擎

绿色低碳产业实质上就是可持续发展经济，其发展理念是生态文明思想的重要体现。我国高度重视绿色低碳产业的发展，不断推进完善绿色节能环保政策，绿色低碳产业得到了长足的发展。

在新能源方面，2020年是"十三五"的收官之年，这五年来，我国新能源产业一直保持增长的态势，对能源的依赖性降低。国家能源研究院发布的《中国新能源发电分析报告（2020）》显示，2019年我国新能源发电新增装机容量5610万千瓦，占全国新增装机量的58%，连续三年超过火电新增装机量。新能源的利用率也持续提高，2019年弃电量215亿千瓦时，同比降低了35.2%，利用率提高了2.5个百分点至96.7%，提前一年实现了新能源利用率95%的目标。新能源供电的市场化水平也不断提高，2019年新能源市场化交易电量1451亿千瓦时，同比增长26.2%。从地区来看，2019年在多个地区新能源已成为供电的主力，如甘肃、青海的新能源发电机已成为省内第一大电源。宁夏、河北、西藏、内蒙古、黑龙江、吉林等19个省（自治区）的新能源发电机成为第二大电源。国家电力投资集团公布了2020年我国新能源装机业绩，数据显示截至2020年年底，新能源装机容量达6049万千瓦，跃居世界首位，其中，光伏发电累计装机容量2961.2万千瓦，继续稳居全球第一位，风电累计装机容量3087.9万千瓦，居全球第二位。

在新能源汽车方面，据中国汽车工业协会统计，2020年年底，中国汽车保有量2.81亿辆，同比增长8.08%，其中，新能源车保有量492万辆，同比增长29.13%，占汽车保有量的1.75%，新能源车当年销量占汽车销量的5.40%。2020年我国新能源汽车产量和销量分别为136.6万辆和136.7万辆，同比分别增长7.5%和10.9%。在新能源汽车主要品种中，与2019年相比，纯电动汽车和插电式混合动力汽车产销均呈增长趋势。

（四）全国各地区新兴产业整体发展态势良好，东部地区新兴产业继续快速增长保持领先，其余各地区新兴产业稳步前进

战略性新兴产业基于重大技术突破，有提升经济附加值、开发新的经济需求的重要作用，是我国经济发展的新动能。战略性新兴产业也是区域实现经济转型、推动经济增长和城市化发展的重要工具。我国东部地区受

益于较好的工业基础和科技人文禀赋，战略性新兴产业表现出较快的增长。以江苏省为例，江苏省政府在资金、政策等方面均给予了战略性新兴产业较大的优惠，江苏省专门设立战略性新兴产业发展专项资金，截至2020年年底已经累计拨付86亿元，在政策方面，江苏省围绕集成电路、车联网、高端装备等领域，先后研究出台15项政策措施和行动计划，超前谋划和推动经济新动能增长。在全省上下的高度重视和全方位投入下，江苏省战略性新兴产业快速发展，进入了以战略性新兴产业引领经济、培育动能的新阶段，2020年战略性新兴产业占规模以上工业产值比重达37.8%，比2019年提高5个百分点，其中生物医药、电子及通信设备、智能装备实现两位数增长，分别增长14.0%、12.2%、10.1%；主要产品产量均实现增长，工业机器人、集成电路、新能源汽车、挖掘机产量分别增长3.4%、22.1%、35.8%、43.2%。东北、华北、中部及西部地区新兴产业也在稳步前进，地方特色产业蓬勃发展。重庆市于2016年发布了《重庆市战略性新兴产业2016—2020人才需求指导目录》，旨在以产业需求和人才素质的高度匹配推动战略性新兴产业的集群发展。2020年两江新区高技术制造业、战略性新兴产业分别增长13.3%和12.9%，占工业总产值比重分别达52.7%和57.4%。武汉市4个产业入选国家首批战略性新兴产业集群，光芯屏端网、汽车制造及服务、生命健康等世界级产业集群初具规模。大连市积极推进产业振兴，重点打造万亿元级绿色石化产业基地、五千亿元级高端装备制造业基地和五千亿元级战略性新兴产业基地。

（五）中国技术创新能力不断增强，多个战略性新兴产业取得重大技术突破

技术创新是解决社会问题、促进经济增长、提高人民生活水平的重要手段，也是发展中国家赶超竞争力前沿、实现跨越式发展的重要工具。战略性新兴产业的发展代表着科技创新的方向，离不开技术创新的支持。世界知识产权组织于2020年12月发布了2020年全球创新指数（GII），中国的排名保持在131个经济体中的第14名，为排行榜前30位中唯一的中

等收入经济体,较2013年上升了21位,体现了我国近些年深耕科技创新的成果。在前100位的科技集群中,深圳-香港-广州以72259件的PCT申请量和118600种的科学出版物数量排名第二,与2019年持平;北京以25080的PCT申请量和241367的科学出版物数量排名第四,排名不变;上海以13347的PCT申请量和122367的科学出版物数量排名第11,较2019年上升两位。除此之外,世界知识产权组织总干事弗朗西斯·高锐于2020年4月7日介绍了全球主要经济体的专利申请情况,其中,中国通过世界知识产权组织的《专利合作条约》(PCT)体系提交了58990件申请,首次超越美国,跃升至第一位,成为年度提交国际专利申请量最多的国家。在企业方面,中国的华为技术有限公司2019年提交了4441件申请,连续三年居企业申请人第一位;在高校和科研机构方面,中国的清华大学以265件PCT申请量列所有教育机构第二位,在整体排名中居第93位,深圳大学、南方科技大学、大连理工大学在所有教育机构中分别居第3位、第5位、第7位。表1-2所示为2020年中国战略性新兴产业重大技术突破或重点产品进展。

表1-2 2020年中国战略性新兴产业重大技术突破或重点产品进展

细分产业	重大技术或重点产品
新一代信息技术产业	清华大学团队提出"类脑计算完备性"概念,以及软硬件去耦合的类脑计算系统层次结构;北京大学科研团队提出并实现了一种基于相变存储器(PCM)电导随机性的神经网络高速训练系统
高端装备制造业	航空工业直升机所研制的AR500B舰载型无人直升机在鄱阳试飞基地首飞成功,填补了我国轻小型舰载无人直升机领域的空白;全球首批30000W激光切割机装配并调试完毕,正式交付使用
新材料产业	在原子尺度下准确测定该单层非晶碳材料的原子结构,在实空间下计算出其长程无序性的径向分布函数;使用交变电场来极化PMN-PT铁电晶体,完全消除了对光有散射作用的铁电畴壁,获得了兼具高压电系数(大于2100 pC/N)、高电光系数(220 pm/V)和理论极限透光率的铁电晶体材料;在块体非晶态材料中实现加工硬化;中国研发团队提出一种合成单层二维材料的新方法——拓扑转化法,通过转化非范德华固体[过渡金属

续表

细分产业	重大技术或重点产品
新材料产业	碳化物、氮化物和碳氮化物（MAX 相）等]直接大量制备具有超稳定和超高单层率的单原子层二维过渡金属硫族化物，攻克了单层二维材料难以制备和不稳定的国际性难题；在聚离子液体（Poly Ionic Liquids，PILs，一类聚电解质材料）存在的环境中，不断搅拌会让晶体生长得更快；成功制备新型半导体异质结材料；中国团队实现 30 余种高指数晶面、A4 纸尺寸单晶铜箔库制造突破
生物产业	抗肿瘤药物达攸同（贝伐珠单抗注射液）正式获得国家药品监督管理局（NMPA）的批准，适应证为晚期非小细胞肺癌和转移性结直肠癌；15 价肺炎球菌结合疫苗已完成Ⅲ期临床试验准备工作，开始受试者入组，正式进入Ⅲ期临床试验；中国公司向美国食品药品监督管理局提交了 SPH3127 临床试验申请并获受理
新能源汽车	上汽名爵 MG eZS、比亚迪 EV、广汽 Aion S、宝骏 E 系列、蔚来 ES6
新能源	晶科能源 Tiger 单面组件引入了创新的叠焊技术，叠焊技术消除了电池片间隙，可以显著提高组件效率；晋能科技研发团队研制开发的面积为 274.27cm² 异质结太阳能电池片，转换效率达到 24.7%，达到国际领先水平；晋能科技的异质结组件成功获得 TUV 北德认证。"华龙一号"全球首堆成功向电网输送出了第一度电，是我国具有完全自主知识产权的第三代核电技术，在安全性上满足国际最高安全标准，首批国产化率达 85%以上，具备了批量化建设的能力
节能环保	TCL 华星提高了显示器开口率，在无须调高背光板亮度的情况下依然可以提高画面亮度，从而有效节省电量消耗

资料来源：根据公开资料不完全统计。

新兴产业的发展离不开科学技术的支持。近些年来，我国愈发重视创新能力的重要性，财政科学技术支出不断提高，企业也加大了科技创新经费的投入。根据《2019 年全国科技经费投入统计公报》公布的数据显示，2019 年我国财政科学技术支出 10717.4 亿元，比 2018 年增加 1199.2 亿元，增长 12.6%。2019 年我国共投入研究与试验发展经费 22143.6 亿元，较 2018 年增长了 12.5%，研究与试验经费投入强度（与国内生产总值之比）为 2.23%，较 2018 年提高了 0.09 个百分点。其中，各类企业研究与试验发展（R&D）经费支出 16921.8 亿元，比 2018 年增长 11.1%；政府属研究机构经费支出 3080.8 亿元，增长 14.5%；高等学校经费支出 1796.6 亿元，增长 23.2%。

（六）新兴产业及代表企业持续发力，市场地位继续提升

面对全球竞争激烈的新兴产业发展态势，我国战略性新兴企业依旧保持稳步增长势头。2020年，具有较强竞争力的战略性新兴产业及国内代表性企业继续发力，取得了令人瞩目的成绩（见表1-3）。

表1-3 我国战略性新兴产业部分相对优势行业企业2020年进展

细分产业	相对优势行业	行业进展	代表企业	市场地位变化
新一代信息技术产业	通信设备	据IDC数据显示，中国2020年第四季度智能手机出货量约8640万台，同比小幅上涨0.3%。第四季度许多中国厂商出货量都迎来了明显的涨幅，如第三名的OPPO出货量同比增长了18.3%，出货量高达1670万台，与苹果持平	华为	在国内市场，据Canalys数据显示，2020年华为手机在中国市场的出货量为1.23亿台，市场份额为37%。在全球市场，IDC数据显示华为2020年出货量达到1.89亿台，市场份额较2019年下降了2.9%。除手机市场外，市场研究公司Dell'Oro Group发布的报告显示，华为2019年在中国以外全球无线设备市场的收入份额下降2个百分点至20%左右，依旧位于爱立信、诺基亚之后处于第三位
新一代信息技术产业	卫星导航	根据《2020中国卫星导航与位置服务产业发展白皮书》数据显示，2019年我国卫星导航与位置服务产业总体产值达3450亿元，较2018年增长了14.4%，2011—2019年，我国卫星导航与位置服务产业总产值年均增长达22.1%。同时，我国积极推动北斗卫星导航系统与其他国家导航系统的合作，已经达成了与俄罗斯的格洛纳斯系统、日本（QZSS）、印度（IRNSS）等地区间区域卫星导航系统的国际合作	华大北斗	华大北斗成功研发了华大北斗多系统多频基带射频一体化高精度SoC芯片，于2019年与联想推出了"北斗双频高精度定位手机"。华大北斗重点围绕智能终端应用、车载应用、高精度应用、安全北斗应用，规划了完整的芯片产品线。其芯片产品为国内首颗进入国际排名前十位的专业导航定位芯片产品（连续两年ABI Research研究报告中排名第七位），并上榜欧洲全球导航卫星系统局（GSA）2019年度市场报告消费类市场核心器件制造商名录

续表

细分产业	相对优势行业	行业进展	代表企业	市场地位变化
高端装备制造业	民用无人机	2019年，我国消费级无人机、工业无人机的市场规模分别为283.33亿元和151.79亿元（包含无人机整机及无人机服务），分别占全球相应市场规模的74.29%和55.00%。我国民用无人机市场发展潜力巨大，预计2024年市场规模将达到2075.59亿元	大疆	据胡润研究院2021年公布的《2020胡润品牌榜》显示，大疆的品牌价值高达160亿元，占母公司市值的16%。此外，世界知识产权组织数据显示，截至2020年年初，大疆创新累计申请专利11700余件，其中PCT专利申请量为3900件，连续四年PCT专利申请量国内前十
高端装备制造业	城市轨道车辆	交通运输部公布的城市轨道交通运营数据显示，截至2020年12月31日，全国（不含中国港澳台地区）共有44个城市开通运营城市轨道交通线路233条，运营里程7545.5千米	中国中铁	2020年1—12月，中国中铁新签合同总额约26056.6亿元，同比增长20.4%。其中，境内新签合同额约24694.0亿元，同比增长21.2%；境外新签合同额约1362.6亿元，同比增长6.8%
高端装备制造业	工业机器人	工信部数据显示，2020年1—12月，全国工业机器人完成产量237068台，同比增长19.1%；全国规模以上工业机器人制造企业营业收入531.7亿元，同比增长6.0%，实现利润总额17.7亿元	沈阳新松	疫情冲击下制造业对自动化生产的需求越发迫切，2020年沈阳新松订单量大幅上涨了28%
新能源汽车产业	新能源汽车	2020年，新能源汽车产量和销量分别为136.6万辆和136.7万辆，同比分别增长7.5%和10.9%，增速较2019年实现了由负转正	宁德时代	根据韩国新能源分析机构SNE的最新统计数据，宁德时代以34吉瓦时的装机量成为全球最大动力电池企业，市场份额为24.82%，自2017年以来连续第四次卫冕全球冠军

资料来源：根据公开资料不完全统计。

三、2021年中国新兴产业发展趋势

2021年是我国"十四五"规划的开局之年,新的阶段里区域一体化进程将会稳步推进,区域内要素资源的流动和合作增强,有助于更好布局和规划战略性新兴产业集群;我国半导体行业在近些年受到国外的限制,未来战略地位将逐渐提高,对制造强国战略的推进也将发挥重要作用;国际上战略性新兴产业的竞争日趋激烈,下一阶段我们将继续提高对研发的重视,同时积极开展国际合作交流,在国际间的人才交流、产业合作中受益。

(一)新兴产业集群与都市圈发展并进,成为地方经济增长的重要引擎

产业集群具有集中优势资源,促进人才、劳动要素的集聚等优势,产业发展可以从劳动力资源池的共享、产业链上下游的知识溢出中获益。国家发展和改革委员会于2019年开始了第一批国家级战略性新兴产业集群申报工作,评选出第一批66个战略性新兴产业集群,并形成了"一揽子"金融支持计划。国家级战略性新兴产业集群在各地起到了良好的带头作用,地方政府努力解决当地战略性新兴产业发展的体制和金融痛点,例如,山东省在入选的7个战略性新兴产业集群中大胆推进政策和制度先行先试,在技术研发上共建高端开放平台,共促新技术研发,在关键领域、"卡脖子"环节下大功夫。除此之外,各地方政府结合地方优势建设了符合地方资源禀赋的战略性新兴产业集群,当地的特色战略性新兴产业成为经济增长与动能转变的重要支撑。例如,北京市持续推进新能源智能汽车发展,积极打造国家智能网联汽车创新中心,初步形成完整的、领先的新能源智能汽车创新体系,为首都战略性新兴产业发展带来新动能;深圳市以5G龙头企业为牵引,着力突破关键技术,加快前沿应用示范场景落地,打造形成了5G产业生态和产业集群,致力于打造5G全球标杆城市;贵州省

近年来深入实施大数据战略行动，大数据产业向纵深发展迈出坚实步伐，亮点频出，成为全省经济高质量发展的新引擎。

现今，我国推出了京津冀协同发展、长江经济带发展、黄河流域生态保护和高质量发展、粤港澳大湾区建设、长江三角洲区域一体化发展等国家战略，这为战略性新兴产业的集群发展带来了良好的机遇。区域一体化政策可以整合区域优势资源、跨省区谋划战略性新兴产业布局，这一方面可以解决当今各地战略性新兴产业存在的同质化问题，避免资源的浪费和无序化竞争，另一方面可以促进人才及科研资源的流动，攻克短板产业的关键技术。

（二）新材料产业的战略地位不断提高，与其他产业之间的融合不断加深

新材料产业能否实现技术突破、打破其他国家的技术垄断对于其他产业能否实现高质量发展至关重要。以电子信息行业为例，半导体产业和新型显示产业是电子信息产业发展的两大基础性产业，但我国的先进半导体材料及辅材和新型显示关键材料，如大尺寸硅基材料、第三代半导体衬底材料、电子气体、光刻胶、抛光材料及新型显示关键材料等重点环节与国外先进水平相比仍存在较大差距，产业的发展对国外供应的依赖性较强，易受到其他国家断供或减供等情况的影响，亟须保证自主研发水平和供应能力。除此之外，随着制造强国战略的加快推进，各应用领域对重点材料的发展需求急速增加，以轨道交通、航空航天和海洋船舶为主的交通运输领域对特种合金、高温合金、高性能纤维及复合材料、轻质高强材料、第三代半导体材料和海洋工程材料的依赖性较强；3D打印技术由于其材料总体利用率高、满足复杂结构需求、制造工序少和制造周期短等优点，在航空航天、生物医疗等领域均可以实现较好的应用。

（三）国际竞争与合作并存

一方面，针对战略性新兴产业将成为经济增长的新引擎这一观点，世界各国已经达成共识，世界主要发达国家和新兴经济体均加入了这一竞争赛道，国际竞争环境复杂。许多国家推出了新兴产业的发展计划，例如，美国实施"再工业化"战略，推出"先进制造伙伴计划"等措施，德国推出"工业4.0"，日本推行"第四次工业革命"计划等。在激烈的国际竞争下，应对策略是必不可少的：需要认识到当前几乎所有行业的价值链体系开始更多地向研发和创新倾斜，要素价格在国际竞争中的重要性正在持续下降。传统成本型竞争优势正逐渐消退，发达国家与新兴国家间的国际竞争正从错位竞争向正面竞争转变；全球产业链的技术扩散的红利正逐渐消失，下一阶段要着眼于提升自主研发能力，解决关键技术"卡脖子"的状况。另一方面，需要构建全球创新网络，积极引入全球要素资源。

参考资料

1. 国网能源研究院. 中国新能源发电分析报告2020. 2020-07。
2. 刘晓龙，葛琴，崔磊磊，等. 新时期我国战略性新兴产业发展宏观研究，中国工程科学，2020（2）。
3. 国家发展和改革委员会. 战略性新兴产业形势判断及"十四五"发展建议. 2021-01。

B.2 战略性新兴产业集群发展情况及建议

杨培泽[1]

摘　要： 近年来，伴随着经济全球化，战略性新兴产业集群作为推动区域经济发展的重要模式，已经成为政府部门及企业关注的焦点。战略性新兴产业当前正朝着科技与产业深度融合、数字与实体加快融合、制造与服务全面融合的态势发展，由单一、线性的个体创新向跨主体、跨领域、跨区域的系统创新转变。在国家的大力推动下，战略性新兴产业集群以区域化合作机制作为连接政府和市场的纽带，纵向强健产业链、优化价值链、提升创新链，横向促进产业间链式发展、集群间联动协作、区域间相互合作，是我国应对国际经济环境变化和经济下行压力的"变压器"，是我国促进稳就业、稳增长的"稳定器"，是我国实现经济高质量发展的"助推器"。

关键词： 战略性新兴产业；产业集群；发展情况；建议

Abstract: In recent years, with economic globalization, strategic emerging industrial clusters, as an important model for promoting regional economic development, have become the focus of attention of government departments and enterprises. Strategic emerging industries are currently developing towards a trend of deep integration of

---

[1] 杨培泽，国家工业信息安全发展研究中心工程师，研究方向为产业经济运行、战略性新兴产业。

technology and industry, accelerated integration of digital and physical, and full integration of manufacturing and services, from a single, linear individual innovation to a cross-subject, cross-field, and cross-regional system innovation. Under the vigorous promotion of nation, strategic emerging industrial clusters use regional cooperation mechanisms as the link between the government and the market to strengthen the industrial chain vertically, optimize the value chain, upgrade the innovation chain, and horizontally promote inter-industry chain development. Inter-cluster linkage and cooperation and inter-regional cooperation industries are my country's "transformer" for responding to changes in the international economic environment and economic downward pressure, a "stabilizer" for stabilizing employment and growth, and a "booster" for achieving high-quality economic development.

Keywords: Strategic Emerging Industry; Industrial Clusters; Development Status; Policy Recommendations

一、新发展格局下战略性新兴产业集群的作用

产业集群是当今产业现代化发展的主要趋势，也是现代产业体系建设的重要内容。战略性新兴产业集群是当前我国推进新兴产业发展的重要途径，依靠产业集群的内部联系网络，通过专业化分工，降低创新和交易成本，促进集群内各大生产要素合理流动和优化配置，推动新兴产业高质量发展。近年来，各省市加快地方特色产业集群培育，促进产业集群内外资源有效整合，形成一批有影响力的战略性新兴产业集群，提高了区域产业核心竞争力。随着外部环境的深刻变化和我国进入新发展阶段，战略性新兴产业集群在新发展格局下有更为深刻的内涵。

有助于推动新兴产业创新发展。与传统产业相比，新兴产业知识技术密集的特点决定了战略性新兴产业集群是创新要素高度聚集、创新行为高度活跃、创新主体高度互动的创新型网络组织。战略性新兴产业集群建设不仅对提高生产效率有着重要作用，而且对促进战略性新兴产业在观念、管理、制度和环境等多个方面创新有着重大意义。在当前我国战略性新兴产业创新需要跨产业、跨区域协同的背景下，更要加快促进集群形成资源高效配置、市场快速响应、创新协同推进的良好生态体系。战略性新兴产业集群通过企业之间、产学研之间的网络促进在产品设计、研发和技术等多方面的创新，建立起以新技术、新模式为引领的现代产业体系，营造出良好的创新创业环境。在新发展格局下，更加需要打造新兴产业集群创新生态圈，通过整合和吸引集群内外的信息、技术、人才、资本等创新资源，推动创新主体在战略性新兴产业集群内生根发芽。

有助于保障产业链自主可控。产业链供应链自主可控是国家经济安全的重要内容，是构建以国内循环为主、国内国际双循环相互促进的新发展格局的基础和前提。产业链供应链自主可控能力作为我国实现产业链供应链稳定升级的关键"钥匙"，当前正面临着较为严峻的形势。随着经济全球化不断深入，任何企业都难以控制产业链的所有环节，也不可能做到产业链的任何环节都是最优的。因此，各地区有必要根据自身优势推动集群企业重点选取关键环节，逐步向产业链价值链高端发展。当前，我国战略性新兴产业发展受单边主义、保护主义等逆全球化势头影响最为直接，一些新兴产业的产业链供应链供给不畅甚至"断链""断供"的情况时有发生，给企业的生产经营乃至国民经济的稳定发展带来了不小的冲击。战略性新兴产业集群将复杂的产业集合成群，有利于打通产业链、创新链、人才链、资金链、政策链五大链条，加快突破关键共性技术，构建核心技术自主可控、周边配套活跃强韧、上下游一体化的产业生态体系，按照市场主导、政府引导的定位，推动产业链协同发展，最终促进产业链自主可控。

有助于加快现代产业体系建设。在当今全球经济一体化的大环境下，我国制造大国的地位逐步提升，制造业呈区域化、规模化、系统化的趋势加快发展，新兴产业集群化现象十分明显。战略性新兴产业作为当前我国现代产业体系的核心组成部分，集群化发展是其重要的组织形式，对推动我国新兴产业形态和产业层次迭代升级有重要作用。作为科技创新产业化的成果，战略性新兴产业增加值源自创新创业，创新创业生态和战略性新兴产业都具有集群的空间特征。战略性新兴产业代表着未来产业变革的新方向，将成为我国实现经济转型的重要推动力，有利于我国产业链从中低端迈向高端，提升我国在全球产业链的地位、核心竞争力和抗风险能力。战略性新兴产业集群为我国经济高质量发展提供重要的战略支撑，对提升产业链供应链现代化水平、推动经济体系优化升级产生积极作用。

有助于获取国际竞争新优势。当前，全球正在步入一个新兴产业孕育发展的关键时期，众多前瞻性、颠覆性创新技术广泛渗透到各大产业和经济领域中，推动新产业、新业态、新动能快速发展，带动以绿色、智能、融合为特征的群体性重大技术变革，世界各国对新兴产业发展主导权、控制权的争夺更加激烈。战略性新兴产业集群不仅是区域经济发展的主导力量，而且是国际经济竞争的战略性核心力量。战略性新兴产业集群的竞争力在全球市场竞争中能为新兴产业的发展带来竞争优势，这种竞争力有助于提升企业竞争力、区域竞争力和国家竞争力，并能提高一个国家的产业国际竞争力。随着产业集群的快速发展，集群所依托的产业和产品不断走向世界，逐步形成了一种世界性的区域品牌。区域品牌是众多企业品牌精华的浓缩和提炼，更具有广泛的、持续的品牌效应，有利于企业开拓国内外市场，提升整个区域的形象。战略性新兴产业集群已经成为我国构建国际竞争新优势、掌握发展主动权、实现从工业大国向工业强国迈进、打造中国制造"升级版"的重要抓手。

二、战略性新兴产业集群发展情况

"十三五"时期，我国加快推进国家战略性新兴产业集群发展工程，以新一代信息技术、高端装备、生物医药、新能源等为代表的战略性新兴产业发展迅猛，已初步形成粤港澳大湾区、长三角、京津冀、成渝经济圈等多个产业集聚区，涌现出一大批空间上高度集聚、上下游紧密协同、供应链集约高效的新兴产业集群，成为推动我国制造业高质量发展的重要引擎。国家有关部委及各级地方政府相继出台财政金融、科技、土地、人才等多项政策，支持地方特色产业集群建设，加强集群内企业的要素保障，促进产业链上下游、产供销、大中小企业协同发力，继续推动区域经济和战略性新兴产业快速发展。

国家级产业集群建设取得显著成效。国家发展和改革委员会、科学技术部、工业和信息化部等有关部门积极推进新兴产业集群建设，加快布局新兴产业，抢占未来发展的制高点。国家发展和改革委员会会同有关部门积极支持国家级战略性新兴产业集群建设，2018 年启动战略性新兴产业集群发展工程，2019 年部署了第一批 66 个国家战略性新兴产业集群，以强健产业链、优化价值链、提升创新链来加快形成产业链竞争的整体优势。科学技术部着力加快建设实体经济、科技创新、现代金融、人力资源协同发展的产业体系，先后发布创新型产业集群试点 61 个，创新型产业集群培育 47 个。工业和信息化部立足制造强国战略，牢牢把握数字化、网络化、智能化融合发展的契机，优先培育和大力发展一批先进制造业产业集群，推进大数据、互联网、人工智能与实体经济深度融合，促进我国产业迈向全球价值链中高端。

地方特色新兴产业集群快速发展。国家级战略性新兴产业集群建设工作起到了良好的牵引带动作用，各地纷纷加快培育建设特色战略性新兴产业集群，形成了若干带动能力突出的新兴产业新增长极。多省市加快本地特色产业发展，积极打造地区产业集群，逐步建设为具有比较优势的战略性新兴产业集群，对于新兴产业集群的定位和选择比以往更加清晰、明确，推动区域经济规模化、差异化发展。广东、江苏、山东等省市出台多项支持新兴产业集群发展政策措施，提升产业链供应链自主可控能力和现代化水平，着力固链、强链、补链，培育壮大新兴产业集群，逐步建设有国际

B.2 战略性新兴产业集群发展情况及建议

竞争力的先进制造业基地。各地充分利用自身产业基础和区位优势，因地制宜选择性发展未来产业和主导产业，更好实现区域协同发展。安徽省建设新型显示、集成电路、新能源汽车和智能网联汽车、人工智能、智能家电五个世界级战略性新兴产业集群；湖北省集中力量建设集成电路、新型显示器件、下一代信息网络、生物医药四大国家战略性新兴产业集群；浙江省实施产业集群培育升级行动，打造数字安防、汽车及零部件、绿色化工、现代纺织服装等万亿元级世界先进制造业集群；湖北省发挥汽车整车产能和零部件配套优势，打造万亿元级汽车产业集群。

新技术、新业态成为新兴产业集群发展的重点。近年来，全国主要国家在数字经济、人工智能、5G 等高科技领域的竞争日趋激烈，欧美等发达国家加快推动信息网络技术与制造业深度融合，争夺新一轮工业革命主导权。面对新一轮科技革命和产业变革加速发展的关键时期，各省市加快布局数字经济、智能经济、生物经济、绿色经济等领域的战略性新兴产业，以获取未来竞争新优势。江苏省在全国率先出台《关于加快培育先进制造业集群的指导意见》，培育前沿新材料产业集群、生物医药和新型医疗器械产业集群等 13 个世界级先进制造业集群；广东省在一系列政策的支持下涌现出一批新产业、新业态，初步形成了人工智能与智能制造产业集群，成为推动经济发展的新动能；深圳市不断提升高端 LCD、AMOLED 及激光显示领域研发能力和生产能力打造新型显示产业集群；上海市深入推进以现代服务业为主体、以战略性新兴产业为引领、以先进制造业为支撑的现代产业体系建设，加快打造集成电路等先导产业高地和电子信息、高端装备等重点产业集群。

创新举措持续推进新兴产业集群建设。各地、各部门因地制宜，积极创新战略性新兴产业集群支持政策，实施集群强链、创新引领、智能制造全覆盖、融合赋能、体系优化、开放合作等新举措，提升产业集群竞争力。广东省发布《关于培育发展战略性支柱产业集群和战略性新兴产业集群的意见》及 20 个战略性新兴产业集群行动计划，改革创新集群治理方式，坚持省市联动、协同推进，调整优化集群发展布局，加大统筹协调和政策支持力度，创造稳定、公平、透明、可预期的一流营商环境，引导市场主体深度参与。山东省将提升产业集群作为构建现代产业体系的重要抓手，提出要按照"紧盯前沿、沿链谋划、龙头牵引、培育壮大、打造生态、集群发展"的思路，探索形成具有山东特色的集群发展新路径。安徽省坚持创新引领发展，推动产业规模化、集群化，促进企业智慧化生产、园区高端化发展，多措并举，积极推动产业转型升级，促进特色产业集群集聚发展。

三、战略性新兴产业集群发展存在的问题

虽然我国战略性新兴产业集群已经得到了很大发展，但仍然存在一些问题。当前，我国战略性新兴产业集群区域布局不平衡，产业"集而不群"现象仍较为明显，新兴产业集群的主要发展模式是以政府为主导、以园区为依托，不能满足战略性新兴产业创新要素高度聚集、创新主体高度互动、创新网络高度复杂的发展要求。集群内部组织化程度仍然不高，公共服务体系不完善，内聚力相对薄弱，相互支援、相互依存的专业化分工协作的产业网络尚未形成。

区域发展布局不平衡，产业"集而不群"现象突出。我国现有的区域集群主要分布在长三角地区、粤港澳大湾区、京津冀地区、成渝地区和山东半岛地区等区域，这些区域集群中有比较成熟的产业集群形态，尤其在长三角和珠三角地区，其核心价值就是创新创业和新兴产业发展，战略性新兴产业集群在这两个区域分布较为集中，西部地区、东北地区发展明显落后于东部沿海地区。国家级战略性新兴产业集群第一批66个主要集中在东部地区，其中山东省有7个产业集群入选，北京、上海、武汉分别有4个产业集群入选，东北地区和西部地区较少。当前我国大部分省市均有产业集群，但不少新兴产业集群产业链并不完善，专业化程度较低，分工并不明确，产业"集而不群"的现象较为明显。在产业集群建设过程中，没有注重产业之间的联系，企业间的关联度较小，不能形成完整的产业链

上下游配套关系。例如，长三角、珠三角地区，在政策推动下涌现出了不少高端装备制造业产业集群，但集群内企业关联度不高，集群效益发挥不够。

产业集群同构性强，技术创新能力不足。当前，我国新兴产业集群内企业仍以在价值链中低端环节为主，缺少价值链高端环节的企业。大多数集群仅是同一大类行业内企业的"地理"集聚，还没有形成专业化的分工协作体系，产业链上中下游衔接不紧密，更多的是产业间的横向联系。一些地区在大数据、生物医药、高端装备等领域的产业集群均有布局，但新兴产业集群的主导产业和特色产业并不突出。此外，新兴产业集群科技创新能力不强，集群内创新型企业较少、高新技术产品比例较低，在科技创新、金融创新、管理创新、制度创新和商业模式创新等方面存在驱动力不足的问题。大多数产业集群没有建立统一的创新平台，产学研深度融合的技术创新体系尚未形成，产业集群集聚发展、协力创新的优势没有充分发挥。

协同管理效率较低，公共服务平台不完善。目前，战略性新兴产业集群缺乏宏观层面的战略协同、创新协同、资源协同、物流协同等信息交流平台，集群内的企业信息交流渠道相对不畅，信息共享度相对较低，信息交流成本较高，服务模式相对单一。例如，金融对战略性新兴产业支持方面，当前仍以点对点对企业支持为主，缺乏对集群整体全方位的支持，集群主体之间、集群内外之间的资金流通存在障碍，整个产业集群的企业、科研机构及其他主体仍较难获得精准和优质的金融服务。此外，支持新兴产业集群发展公共服务的平台不完善，缺少对产业集群发展支撑的法律服务、信息服务等中介服务机构，对集群内的行业交流、金融服务、人才管理等方面的工作重视程度不够。

四、"十四五"时期战略性新兴产业集群发展思路

"十四五"时期，战略性新兴产业集群以新兴技术革新为契机，以提升

产业自主创新能力为发展方向，以解决"卡脖子"问题为主要任务，以"链式整合、园区支撑、集群带动、协同发展"为主导路径，培育一批有全球竞争力的新兴产业集群，促进我国产业迈向全球价值链中高端。

提高新兴产业集群现代化治理能力。新兴产业集群化的发展能够实现新兴产业群体的竞争优势，应着力提升产业集群现代化治理水平，促进组织变革，鼓励新兴产业集群内产业链条上中下游各类企业相互合作，推动新兴产业集群的技术共生、利益共享、组织共治，营造良好的新兴产业生态体系。构建新兴产业集群现代化发展新体制，完善市场的运行机制和价格机制，健全知识产权保护制度，充分发挥市场在资源配置中的决定性作用，营造公平、有序、高效的市场环境。

推动集群内大中小企业协同发展。在新兴产业集群内培育一批具有市场竞争力和影响力的高技术领军企业，使之成为吸引和整合战略性新兴产业各类资源的核心，围绕产业链、价值链、创新链招强引优，打造全产业链，通过企业并购、联合重组等实现优势企业的强强联合。充分发挥大企业的组织作用，打通产业链上中下游各个环节。建立大中小企业更为紧密的新型产业合作关系，推进大企业与中小企业的产业链接，引导龙头企业由产品制造者向解决方案提供者转型，强化解决产业发展的"卡脖子"问题的能力，协同发展产业链的核心环节，向中小企业延伸价值链和创新链。

构建战略性新兴产业集群创新共同体。加大对新兴产业集群创新支持力度，推动创新主体同频共振，推动创新组织结构由结群向结网提升，构建新兴产业创新体系。整合各类创新资源，建立新兴产业集群协同创新平台，打造以企业为主体、以市场为导向、产学研深度融合的创新合作网。利用好国内的市场优势和人才优势，加大对技术研发潜力大的新兴产业集群的支持，加强核心领域关键技术的攻关能力。紧跟国内外最新产业发展和技术创新动态，积极参与标准制定，推动中国创造向全球产业链、价值链高端跃升。

完善新兴产业集群公共服务体系建设。依托科研院所、行业协会等单位成立专业化的战略性新兴产业集群建设推进机构，打造产业集群创新和公共服务综合体，强化科技研发、成果转化等公共服务平台支撑。建立战

B.2 战略性新兴产业集群发展情况及建议

略性新兴产业集群社会化服务平台,为集群内企业提供完善高效的一体化服务。建立战略性新兴产业集群内中小企业公共服务平台,完善中小企业支撑体系,提高综合配套服务功能。建立战略性新兴产业集群招商引资服务平台,完善集群内重点产业的产业链上下游,拉长产业链条,增强企业间协同发展能力。

积极参与全球新兴产业合作和竞争。进一步深化"走出去"战略,在"一带一路"倡议框架下,加强战略性新兴产业链国际合作,提升我国新兴产业国际竞争力。进一步扩大新兴产业的对外开放力度,加强与世界先进技术领域的交流与合作,深度融入全球价值链分工体系。进一步补齐部分新兴产业的核心技术短板,聚焦新一代信息技术、高端装备制造、生物医药等重点领域,打造制造业创新发展体系,参与国际合作与竞争的新优势,构建多类别、宽覆盖、有机联络的世界级战略性新兴产业集群。

各省份战略性新兴产业发展重点如表2-1所示。

表2-1 各省份战略性新兴产业发展重点

省市	战略性新兴产业发展重点
天津	壮大高端装备、新一代信息技术、航空航天、节能与新能源汽车、新材料、生物医药等十大先进制造产业。打造移动互联、电子商务、智能城市、泛娱乐和信息安全五个创新型产业集群
重庆	引进和实施一批石墨烯、轨道交通装备、精细化工、生物医药、环保技术等重大项目,带动关联产业发展;打造十大战略性新兴产业,力争形成万亿元产值
上海	加快发展文化创意产业;促进新技术、新模式、新业态、新产业"四新"经济发展;在民用航空发动机与燃气轮机、脑科学与人工智能等领域实施一批重大科技项目,在新能源汽车、机器人与智能制造等领域布局一批重大创新工程;推动大飞机、北斗卫星导航、集成电路等战略性新兴产业发展
江苏	推动战略性新兴产业规模化发展,加快培育大数据、工业机器人等新增长点,建设一批战略性新兴产业集群。以智能制造为主攻方向,大力发展先进制造业。打造一批互联网产业园和众创园、云计算和大数据中心,做强做大骨干企业;支持石墨烯产业发展;发展节能环保绿色产业;培育一批骨干文化企业和重点文化产业园区
山东	培育发展新一代信息技术、轨道交通设备、海洋工程装备、先进机械设备、生物医药、新材料、新能源等新兴产业;加快食品、轻工、纺织、原材料等传统优势产业转型升级;推动其他各类知识密集型产业快速成长

续表

省市	战略性新兴产业发展重点
北京	发展节能环保产业、文化创意产业；促进健康、养老、体育产业发展；力争在新能源汽车、集成电路、机器人、3D打印等重点领域取得突破；积极发展大数据产业
广东	发展"工作母机"类装备制造业；加快高档数控机床和机器人等智能装备的研发和产业化，打造一批智能制造示范基地；培育壮大一批工业机器人制造企业，实施机器人示范应用计划；大力发展工业互联网，促进生产型制造向服务型制造转变；做大做强战略性新兴产业，推进新一代显示技术等6个产业区域集聚发展试点，培育3D打印、可穿戴设备等新兴产业；推进海洋经济综合试验区建设，发展海洋经济；加快发展节能环保产业；打造跨境电商产业功能区，支持有条件的城市申报跨境电商综合试验区；发展影视传媒、动漫游戏、广告创意等文化产业集群
浙江	重点抓好以互联网为核心的信息经济，逐步形成以现代农业为基础、以信息经济为龙头、以先进制造业和现代服务业为主体的产业结构；加快规划建设杭州城西科创大走廊、钱塘江金融港湾、乌镇互联网创新发展试验区
四川	"7+7+5"产业：七大优势产业、七大战略性新兴产业和五大高端成长型产业；建设世界级钒钛产业基地、全国重要的稀土研发制造中心；启动实施制造业创新中心建设、高端装备创新研制及智能制造等一批重大工程；大力发展云计算、大数据产业。培育石墨烯、北斗卫星导航、机器人、生物医药等新兴产业；推动节能环保装备产业发展
福建	重点发展智能制造、绿色制造、服务型制造、数控技术和智能装备、新一代信息技术、生物与新医药、新材料、新能源、节能环保等新兴产业
山西	加快发展七大非煤产业；加快推进风电、光伏发电和生物质能发电、煤基清洁能源；重点发展轨道交通、煤机、煤层气、电力、煤化工等装备制造产业；积极发展特色食品、现代医药产业；大力发展电动汽车产业；加快云计算、大数据、物联网、移动互联网等与现代制造业、现代农业、现代服务业深度融合，发展分享经济
安徽	加快发展量子通信、航空动力、高端医疗装备等新兴产业；培育壮大科技服务、工业设计、检验检测等新兴服务业；建设互联网文化产业和创意文化产业综合试验基地
江西	在电子信息、航空制造、生物医药、节能环保、新能源等领域实施一批重大产业项目；推进LED产业基地建设；加快大数据、云计算的开发应用；实施"互联网+智能制造"行动计划；培育发展高档数控机床、工业机器人、3D打印、北斗卫星导航等产业；积极发展文化创意产业
河南	重点推动高端装备制造业，包括电气装备、矿山装备、现代农机、数控机床、机器人等；重点发展智能终端、智能穿戴生产能力、软件开发、动漫游戏、移动多媒体等产业；重点突破电池、电机、电控等关键核心技术和相关零部件产业，加速电动汽车产业化；推动生物医药产业加速发展；发展节能环保产业和环保装备产业化

B.2 战略性新兴产业集群发展情况及建议

续表

省市	战略性新兴产业发展重点
湖南	推动装备制造、钢铁、有色、石化等传统产业绿色化；促进新能源、新材料、电子信息、生物医药、通用航空、两型住宅等新兴产业规模化、集约化成长；加快培育新能源汽车、高性能数字芯片、智能电网、3D打印、工业机器人等新增长点；推进浮空器、高效液力变矩器、北斗卫星导航应用等产业项目建设；完善云计算、大数据平台
湖北	加快先进制造业发展；实施大数据发展行动计划；盯紧光电子、3D打印与新一代信息技术等15个重点产业领域；实施智能制造等九大工程；促进新一代信息技术等十大产业领域实现突破发展；培育30个新兴领域重点成长型产业集群
河北	壮大保定汽车、石家庄通用航空、唐山动车城、秦皇岛汽车零部件等先进装备制造基地；推进沧州激光、邢台新能源汽车产业园；做强光伏、风电、智能电网三大新能源产业链；建设"京津冀大数据走廊"；培育壮大节能环保监测、治理装备产业
辽宁	促进机器人、航空航天、生物医药、节能环保、新型海工装备等战略性新兴产业加快发展；实施"互联网+"行动计划，推动移动互联网、云计算、大数据、物联网等与现代制造业结合
陕西	重点发展电子信息、航空航天、新能源汽车、3D打印、机器人、高端芯片制造、智能终端生产等产业；推进汽车基地和新能源汽车研发；推动航空发动机专项和集成电路产业发展；建立航空及航空服务业和卫星应用产业聚集区；超前部署石墨烯、量子通信、第五代移动通信、自旋磁存储等项目
贵州	实施大数据战略行动，积极发展大数据核心业态、关联业态和衍生业态；实施智能制造试点示范项目；建设一批新型材料产业基地；促进航空航天、智能终端、高端数控机床、新能源汽车等装备制造业；发展文化创意产业，建设一批特色文化产业基地
云南	培育现代生物、新能源、新材料、先进装备制造、电子信息等重点产业；培育云计算、大数据、物联网、移动互联网应用产业；重点发展数字技术、智能制造等新一代信息技术产业、电子信息产品制造业和信息服务产业；培育生态文化、养生休闲、大健康、文化创意、民族时尚创意等服务业
黑龙江	推动钛合金、3D打印、机器人、复合材料、石墨产业发展；鼓励和引导社会力量投资养老健康产业；积极发展文化产业；推动信息服务产业发展，建立大数据中心
广西	推动铝产业集群发展；加快移动互联网、云计算、大数据、物联网等信息技术发展；重点发展新一代信息技术、北斗卫星导航、地理信息、智能装备制造、节能环保、新材料、新能源汽车、新能源、生物医药、大健康、人工智能、高效储能、生命科学等新兴产业
新疆	把文化产业建成国民经济支柱性产业，加快培育新型文化业态；打造能源化工材料产业基地；发展新能源、新材料、先进装备制造、生物医药等战略性新兴产业；发展集生态农业、医疗保健、体育健身、休闲旅游、养老服务于一体的健康产业

续表

省市	战略性新兴产业发展重点
内蒙古	大力推进协同制造、智能制造，做大装备制造业；拓展锂电池、永磁材料产业链，努力做大电动汽车产业；大力发展文化产业，用好文化产业发展基金
吉林	发展无人机产业；加快推进云计算、大数据、空间地理信息集成、灾备中心等项目；战略性新兴产业深入实施九大行动计划，培育发展新材料、新一代信息技术、生物医药、高性能医疗器械等新兴产业
甘肃	培育壮大战略性新兴产业，推动大数据、新材料、生物制药及中藏药、先进装备制造、节能环保等产业发展；发展现代服务业，包括文化产业、健康养老产业、文化旅游产业等
宁夏	瞄准新材料、智能制造、生物制药、节能环保等中高端产业；抓好3D打印、数控机床、高端轴承、碳基材料等项目；光伏发电装备、风机制造等上下游产业协同发展；培育信息产业，支持软件、游戏等产业发展，引进智能终端、可穿戴设备等信息装备企业；培育壮大创意、动漫、影视等文化产业
海南	发展新兴产业，培育壮大软件业、电子商务业、服务外包业等产业，建立和运用大数据、云计算，提高互联网产业规模化水平；扶持发展海洋运输、海洋装备制造、海洋生物医药、海水淡化等海洋新兴产业，促进临港产业加速发展
青海	改造提升盐湖化工、有色冶金等传统产业，延伸补强下游精深加工产业链；发展轻工纺织、饮用水、中藏药加工、民族用品等消费品工业；发展与生态环境最具"亲和力"的旅游产业
西藏	大力发展特色优势产业；加快发展唐卡、藏毯、演艺等特色文化产业，推动国家级文化产业示范区、藏羌彝文化产业走廊建设；加快发展保健食饮品、休闲健身、康复疗养等健康产业

参考资料

1. 发展战略性新兴产业. 经济日报，2020-12。

2. "十四五"战略性新兴产业发展思路. 战略前沿技术，2020-09。

3. 赵璐，王晓明. 培育未来竞争新优势 推动战略性新兴产业集群高质量发展. 科技日报，2020-10-16。

4. 国家信息中心. 战略性新兴产业形势判断及"十四五"发展建议，2021-01。

Ⅱ 产业篇

Industry Articles

B.3 物联网产业发展现状及对策

李炜[1]

摘 要: 当前,我国物联网产业发展的支撑体系和外部环境逐渐完善,政府加强产业顶层设计,龙头企业不断涌现,新兴技术带来创新活力,应用场景进一步丰富及新冠肺炎疫情对人们生活方式的改变,都为物联网产业发展带来了机遇。本文对物联网产业进行系统梳理,厘清产业链环节和上下游关系,对我国物联网产业最新发展态势进行总结,对国家级物联网示范基地最新发展情况进行分析,在此基础上对我国物联网产业发展存在的优劣势,以及面临的机遇和挑战进行分析,为产业布局和发展决策提供支撑,并提出产业发展建议。

关键词: 物联网;产业;建议

---

[1] 李炜,国家工业信息安全发展研究中心高级经济师,研究方向为产业经济、战略规划。

Abstract: At present, the supporting system and external environment of the development of Chinese IoT industry have been gradually improved. The government has strengthened the top-level design of the industry, leading companies are have continuously emerging, new technologies bring new vitality, application scenarios have been further enriched, and the changes of people's lifestyles by COVID-19 bring opportunities for the development of the internet of things industry. This article systematically combs the internet of things industry, clarifies the links of the industrial chain and the relationship between upstream and downstream relationships, summarizes the latest development trend of internet of things industry, and analyzes the latest development of national-level internet of things demonstration bases, and on this basis analyze the advantages and disadvantages of the development of the internet of things industry and the opportunities and challenges it faces, provide support for industrial layout and development decisions, and put forward industrial development suggestions.

Keywords: IoT; Industry; Suggestion

物联网是新一代信息技术的高度集成和综合运用，在利用感知技术和智能装置对物理世界进行感知识别的基础上，通过通信网络实现传输互联，进行计算、处理和知识挖掘，从而实现人与物、物与物的信息交互、无缝连接，达到对物理世界实时控制、精确管理和科学决策的目的。物联网是继计算机和互联网之后世界信息产业的第三次浪潮，从互联网过渡到物联网，信息网络实现了从人与人之间的沟通，发展到人与物、物与物之间的沟通，其功能和作用日益强大，对社会的影响也越发深远。

一、物联网产业链全景图

如图 3-1 所示，物联网的体系架构可分为感知层、网络层和应用层。感知层主要实现对物理世界的智能感知、信息处理和自动控制。网络层主要实现信息的传递、路由和控制。应用层包括信息的分析处理和决策，以及实现或完成特定的智能化应用和服务任务。

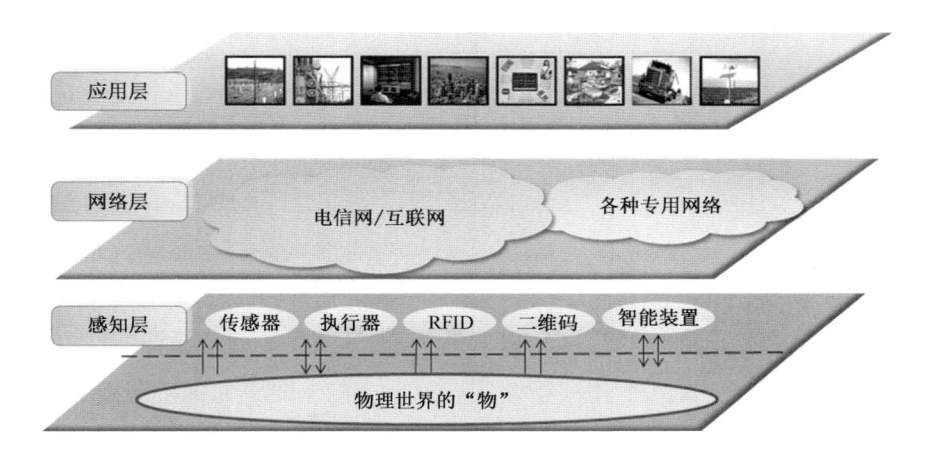

图 3-1 物联网产业链全景示意图

基于物联网技术体系架构（见图 3-2），可将物联网重点产业划分为物联网感知制造业、物联网通信业和物联网服务业三大业态。

（一）物联网感知制造业

物联网感知制造业指与物联网感知功能密切相关的制造业和基础产业，包括为物联网应用提供基本设备和系统的核心制造业，如 RFID、二维条码、传感器/模块/节点/网关和多媒体采集终端等；用于智能感知设备生产制造或测试的仪器仪表、嵌入式系统等配套产业；微纳器件、集成电路、微能源、新材料等其他相关产业。

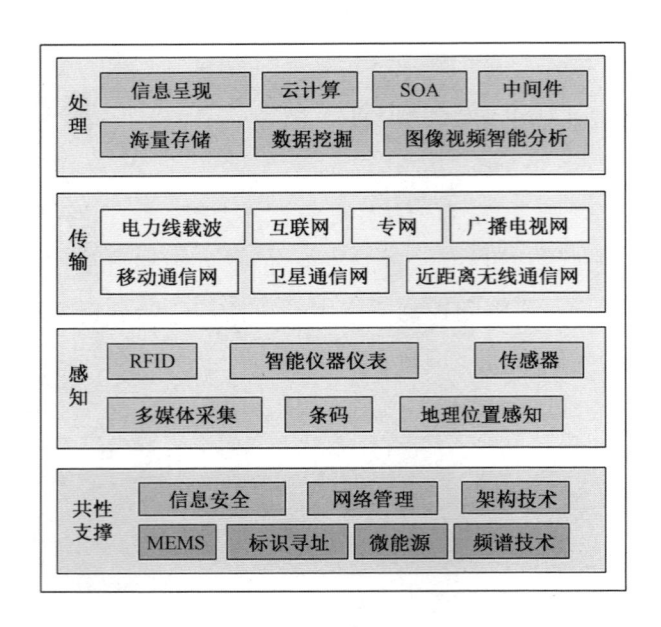

图 3-2　物联网技术体系架构

核心制造业是物联网感知制造业的核心，是构成物联网感知层的基础单元；配套产业及其他相关产业是核心制造业的基础，为核心制造业提供基本的材料、器件、嵌入式系统，以及相应的开发、测试、生产条件。感知制造业的主要参与者包括芯片厂商、元器件厂商、电子加工制造商、嵌入式系统厂商等，以提供感知设备所需要的各类芯片、元器件、板卡、结构件、嵌入式系统等独立产品开发制造商为主。

（二）物联网通信业

物联网通信业指与物联网通信功能紧密相关的制造、运营等产业，包括近距离无线通信设备、机器到机器（M2M）终端、通信模块、网关等通信网络设备的生产制造，为物联网应用提供高带宽、大容量、超高速的有线/无线通信网络设备的生产制造，基于 M2M 等的运营服务业。

通信网络设备是物联网通信业的重要组成，构成了物联网传输层的基本设施环境；基于 M2M 等运营服务业主要在网络通信基本设施的基础上，提供物联网 M2M 网络传输服务。物联网通信业的主要参与者，除提供通信设备制造所需要的各类芯片、元器件、板卡、结构件、嵌入式系统等供应商，以及通信设备整机与系统的软硬件开发商之外，还包括提供基于 M2M 等运营服务的物联网服务商。

（三）物联网服务业

物联网服务业指与物联网应用密切相关的各种服务，包括软件服务、基础设施服务、专业服务等。其中，软件服务直接面向行业用户，产品包括数据库、操作系统、应用软件、中间件等；基础设施服务包括海量数据存储、处理与决策等；专业服务包括系统集成及其他由物联网应用衍生出的增值服务等。物联网服务业的主要参与者包括各类软件商、数据中心运营商、系统集成商等，为物联网的应用提供各类软件、数据存储与处理服务、集成服务等。

（四）产业链重点企业

1. RFID 芯片企业

RFID 芯片的设计与制造，技术含量高，处于产业链的上游。在这个领域，中国集成电路企业已经攻克了 RFID 低频和高频频段芯片的核心技术，完成了芯片产品系列化布局，产品性能与国外芯片相比处于同一水平，打破了国外厂商的统治地位；但在超高频段，国内芯片设计技术仍有待提高，而且在芯片工艺水平上与国外芯片相比存在一定差距。RFID 芯片领域涌现了一批优秀企业，我国主要应用领域的 RFID 芯片重点制造企业如表 3-1 所示。

表 3-1　我国主要应用领域的 RFID 芯片重点制造企业

主要应用领域	RFID 芯片重点制造企业
移动支付	大唐微电子、上海华虹、同方微电子、国民技术
城市公共事业卡	复旦微电子
居民健康卡	同方微电子、中电华大、复旦微电子、国民技术、上海华虹
电子证照	上海华虹
商品防伪	上海坤锐、中电华大、四川凯路威
供应链管理	瑞章科技

2. 传感器制造企业

国内传感器更多应用在工业测量与控制等基础领域，应用范围还较窄，没有形成足够的规模化应用，导致国内传感器存在技术低、价格高的问题，德国、日本、俄罗斯等老牌工业国家的企业主导了传感器市场。但我国传感器企业总体发展速度较快，从细分领域上看，电力传感器、汽车传感器、MEMS 麦克风三大领域成为增速较快的发展领域。我国主营传感器领域形成了一些主要传感器制造企业，如表 3-2 所示。

表 3-2　我国主要传感器制造企业

传感器企业	主营传感器领域
高德红外	红外热成像仪
科陆电子	电力传感器
瑞声声学	MEMS 麦克风
华工科技	汽车传感器、家电用温湿度传感器、雨量传感器
中航电测	微型传感器、板式传感器、金属传感器
大立科技	红外热成像仪
航天机电	汽车传感器
歌尔声学	MEMS 麦克风
汉威电子	气体传感器
广陆数测	激光位移传感器
美新半导体	加速度传感器
格科微电子	CMOS 图像传感器

续表

传感器企业	主营传感器领域
昆仑海岸	压力传感器、液位传感器、温湿度传感器
青鸟元芯	压力传感器、温湿度传感器
华润半导体	光敏传感器
耐威科技	惯性传感器
龙微科技	压力传感器
华景传感	MEMS 麦克风
麦乐克	环境监测传感器、安防传感器

3. 设备企业

物联网设备企业处于物联网产业链的中游环节，为下游系统集成企业提供具有一定性能特性的设备，并为系统集成企业和软件企业提供数据接口标准。设备企业主要集中在数据采集层面，包括电子标签、读写器、智能卡等。

在电子标签方面，产品呈现多样性发展，种类包括防拆标签、硅胶标签、抗金属标签、易碎标签、多重防伪标签、防剥离标签、双频标签等，标签种类越来越多。国内主要标签制造商在标签制造工艺方面不断创新，标签工艺水平逐步提高，标签制造成本继续下降，标签价格下降明显。我国电子标签主要制造商包括上海中卡、厦门信达、上海优比科、上海博应、航天信息、深圳远望谷、达华智能、成都普什等。

在读写器方面，目前读写器产品的种类很多，总结起来可以有如下几大类别：联机型的接触式和非接触式的 IC 卡读写器产品；支付类终端产品，包括支持城市通卡、市民卡的小额消费机具和金融 POS 机具等；开放式人员通道；图书馆防盗门；各类行业专用和定制类产品等。在读写器方面，已有一些典型企业，如表 3-3 所示。

表 3-3 我国读写器部分典型企业

名称	主要产品线	主要应用市场
武汉矽感	二维条码识读器	电子票证、物流与防伪等
福建新大陆	一维/二维条码识读器	动物与食品溯源、电子凭证等
深圳德卡	IC卡读写器、支付类终端、行业专用和定制类产品线	市民卡/城市一卡通、金融、社保、高速公路收费、石油等
航天信息	POS机、IC卡读写设备及专用终端机具	智能交通、身份识别管理、物流与防伪、粮食信息化等
福建联迪	金融POS产品、自助终端产品、IC卡终端产品	金融、城市一卡通等
威海北洋	高频桌面级读写器、中距离读写器、远距离读写器、高频远距离开放式通道、图书防盗门产品等	图书、档案行业、医药、防伪溯源和生产线等行业
深圳旺龙	国密CPU门禁系列、停车场系列、电梯系列、人行通道闸系列	门禁、停车场、IC卡电梯控制、人员管理、城市一卡通等
上海孚恩	RFID桌面式读写器、手持式读写器、刷卡POS机、无障碍通道式签到机/考勤机、RFID+指纹门禁考勤机等	肉类食品追溯、资产管理等
深圳远望谷	超高频RFID读写器、便携式读写器、固定式读写器、一体化读写器	商品防伪、食品溯源、资产巡检等
深圳先施	微型嵌入式读写器模块、手持式工业级读写器、一体化读写器、多天线口读写器	出入管理、城市车辆管理、物流管理、图书管理和电子票证等
江苏瑞福	UHF RFID读写器、工业读写器	工业
中电七所	手持式读写器和UHF RFID平板电脑	各类行业性信息采集

在智能卡领域，我国拥有大量成熟和规模以上的生产企业。在国内居民健康卡、城市公共事业卡、身份识别等应用领域项目竞争中，国内卡片厂商已经占据明显优势。我国智能卡主要应用领域及重点企业如表 3-4 所示。

表 3-4 我国智能卡主要应用领域及重点企业

应用类型	产品种类	重点企业
身份识别	身份证、居住证、警官证、军人保障卡等	航天信息、达华智能、中安特、东信和平等
金融服务	金融 IC 卡、手机支付、小额支付卡、银行回单卡等	天喻信息、东信和平、恒宝股份、东港股份等
交通管理	公交一卡通、轨道交通单程票、停车场管理、高速公路通行卡等	达华智能、东信和平、上海中卡等
行业服务	居民健康卡、旅游一卡通、图书馆读者证等	达华智能、深圳方卡等
电子票证	电子门票、演唱会门票等	达华智能等
出入控制	企业一卡通、校园一卡通、门禁等	达华智能、深圳方卡等

4. 软件企业

物联网软件企业根据用户的需求，按照提供的数据交换标准和接口，开发面向物联网应用的中间件和软件系统，实现现实世界与计算机界面的信息交互与数据处理，满足物联网用户的自动化、智能化、信息化需求。

现有软件产品已广泛应用到物联网感知层和处理层中，软件商提供的通用类软件包括数据库、操作系统、信息安全软件、应用软件、中间件等，其中中间件是硬件设备和业务应用的桥梁，是物联网应用中的关键软件，物联网中间件可以分为传感数据采集中间件和传感数据管理中间件。

我国企业在行业应用软件方面发展迅速，但基础软件及中间件领域仍被国外厂商垄断。目前国内市场主要的物联网软件及中间件开发企业包括 IBM、Oracle、微软、东方通科技、中创软件、金蝶软件、江苏鸿信、四川鼎天、上海盛锐、杭州指令集、上海阿发迪等。

5. 系统集成企业

物联网系统集成企业根据用户的需求，选取相应的芯片和技术解决方案、选择合适的设备产品，在电信运营商和软件开发商的支持下，将硬件、软件集成为面对某个或多个应用领域、应用需求的整套解决方案。物联网系统集成企业目前在各行业应用领域的项目逐步深入，在政府相关规划、政策和项目基金的支持下，物联网在城市公共管理、电网、医疗、食品、交通金融服务、危险化学品管理等领域的应用不断深入，在商品防伪、物流仓储、资产管理、出入控制等市场应用项目不断增多，市场得到健康发展。以应用为核心的集成商，是物联网产业发展的最先收益者，系统集成商在国内物联网产业链中占据着主导地位。我国主要系统集成应用及重点集成企业如表 3-5 所示。

表 3-5　我国主要系统集成应用及重点集成企业

主要应用领域	相关应用主要进展情况	主要系统集成企业
智能交通	智能交通在船联网、电子车牌管理、ETC 不停车收费、轨道交通等方面的应用持续深入	深圳远望谷、中兴通讯、重庆城投金卡、上海秀派、航天信息、金溢科技、同方锐安、南京三宝等
智能电网	智能电网的各项应用逐步深入、电网资产管理、巡检等 RFID 应用项目逐步增多	国信通、艾伯资讯等
食品追溯	商务部相继启动了三批肉菜流通追溯体系建设试点城市，覆盖面进一步扩大	成都九洲、福建新大陆等
酒类防伪	继五粮液应用 RFID 进行防伪管理后，茅台、张裕等酒厂纷纷开始应用 RFID 技术建设酒类防伪追溯系统	成都普什、天臣防伪、烟台东方瑞创达等
医疗健康	在药品追溯、医疗服务等方面的项目有所增加	北京爱创、南京三宝、航天信息等
智能安防	社会治安、楼宇及小区安全、道路安全等领域应用广泛开展	海康威视、大华、中移物联网等

（五）物联网产业最新发展态势

产业规模快速增长。全球移动通信系统协会（GSMA）在《2020 年移动经济》中指出，2019 年全球物联网连接规模已经达到 120 亿个，2025 年预计全球物联网连接规模将达到 246 亿个。全球物联网收入在未来几年将增长 2 倍以上，由 2019 年的 3430 亿美元（2.4 万亿元人民币），增长到 2025 年的 1.1 万亿美元（7.7 万亿元人民币）。

产业体系日渐完善。物联网产业链包含上游的芯片、元器件厂商，中游的设备、软件、系统集成商及下游的电信运营商、物联网服务厂商等多个方面。目前，国内形成了涵盖感知与制造、网络技术产品、软件与信息处理、集成与应用服务等相对齐全的物联网产业体系。在芯片、通信协议、网络管理等领域取得了一系列的创新成果，建立了行业标准。

集群优势持续凸显。目前我国已经形成了环渤海、长三角、珠三角和中西部四大物联网产业发展聚集区。作为目前中国物联网产业的聚集地，四大聚集区企业分布密集，研发机构众多，产业氛围良好。长三角地区在物联网产业链高端环节、硬件核心产品、技术和软件集成开发等方面有强劲竞争，是我国物联网技术和应用的起源地。环渤海地区技术研发实力和市场推动力强劲，是我国物联网产业重要的研发、设备制造和系统集成基地。珠三角地区在物联网设备制造、软件及系统集成、网络运营服务及应用示范领域具有优势，尤其是在M2M应用终端生产及应用方面位居全国前列。中西部地区物联网产业发展迅速，构建了较为完整的产业链条和产业体系，在物联网示范应用方面优势明显。

政策环境不断完善。国务院及各级主管部门制定并实施了一系列物联网发展专项行动计划，以及物联网发展顶层设计，加强关键技术研发、行业标准研制和示范应用等工作，探索物联网产业链生态构建，积极组织实施重大应用示范工程，推进示范区和产业基地建设，物联网被纳入高新技术企业认定和支持范围，以多层次、全方位的政策措施推动地方物联网发展。

基地建设初见成效。在国家相关政策的支持和引导下，我国物联网产业近年来呈现出聚集发展态势，目前共建成无锡高新区、杭州高新区（滨江）、重庆南岸区、福州经开区和江西鹰潭五大国家级物联网产业示范基地。经过多年培育发展，五大国家级物联网产业示范基地均已形成自身发展特色，示范效应显现，实现产业集聚发展。在国家级物联网产业示范基地建设的带动下，各地区纷纷建立物联网产业基地和聚集区，整合优势资源，发挥集聚效应。

产业应用持续深化。目前，我国在智能交通、车联网、物流追溯、安全生产、医疗健康、能源管理等领域已形成一批成熟的运营服务平台和商业模式，物联网应用规模与水平不断提升，部分物联网应用达到了千万级用户规模。物联网在公共安全、城市交通、设施管理、管网监测等智慧城市领域的应用显著提升了城市智能化管理水平，与移动互联网融合推动家居、健康、养老、娱乐等民生应用创新空前活跃，对能源、物流、工业、农业等传统行业的提质增效、转型升级作用明显。

二、国家级物联网示范基地现状

（一）基地概况

我国目前形成了无锡高新技术产业开发区、杭州高新区（滨江）、重庆南岸区、福州经济技术开发区和江西鹰潭五大国家级物联网示范基地，实现了产业集聚发展，有力推进了物联网产业及数字经济发展。

1. 无锡高新技术产业开发区

无锡高新技术产业开发区全力营造智能传感系统产业"生态圈"，保持高新区核心竞争优势。全区共聚集物联网企业1300多家，产业产值连续多年保持两位数以上的高速增长，2019年地区生产总值1845亿元，人均GDP达32万元，上市挂牌企业99家，聚集物联网从业人员7万余人。聚焦在传感技术领域，形成了一大批以美新半导体、和晶科技、力芯微、飞翎电子、圣敏传感、中微晶园等为主的电子信息研发制造企业，产品占据了国内外主流市场，形成了覆盖感知类（芯片、模组、传感器、RFID设备及器件）、传输类（通信芯片及设备制造）、应用类（平台、集成、行业）及智能终端类（机器人与智能装备、工业智能硬件、智慧家居终端、医疗电子设备等）较为完整的产业链体系。无锡高新技术产业开发区建有鸿山、慧海湾两个物联网特色小镇及智能传感器、智慧体育、中船海洋等特色产业园区。

2. 杭州高新区（滨江）

杭州高新区（滨江）深入推进"数字经济最强区、新制造业引领区、新型城市标杆区、幸福生活示范区"建设。2019年实现生产总值1592亿元，人均GDP达37.6万元，累计培育上市公司57家。2019年杭州高新区（滨江）内物联网产业实现营业收入1648.84亿元，同比增长10.0%，实现利润总额248.95亿元，同比增长18.2%，实现出口总额34.88亿元，同比增长1.1%。杭州高新区（滨江）内形成了以海康威视、阿里云、士兰微、趣链科技、宏杉科技等为代表的物联网企业。核心区滨江物联网小镇，规划面积3.66平方千米，集聚发展数字安防、云计算、大数据、移动互联网、信息安全及先进传感设备、核心元器件制造等物联网基础性支撑产业。为了加强物联网产业集聚，2019年小镇引进了准独角兽企业趣链科技、云徙科技、吉利与世界500强戴姆勒合资成立的蔚星科技、曹操专车等项目。

3. 重庆南岸区

重庆南岸区致力于建设成为全国重要的物联网产业集聚区。现已集聚了物联网大数据运营平台及相关企业300多家，覆盖物联网芯片、传感器、通信模组、终端产品、专网运营、软件研发、系统集成、平台运营、数据挖掘等产业链环节，2019年全区物联网产业销售收入达到686.61亿元，同比增长8.50%。目前，基地形成以龙头企业为引领、以物联网运营平台为支撑、大中小微企业协同发展的格局。聚集中移物联网、中交通信、中交兴路、京东云、迪马工业、深兰科技、中住数据等物联网大数据运营平台及相关企业300余家，拥有中移物联网、芯讯通、vivo、美的通用等物联网芯片模组、智能终端骨干企业，"重庆经开区Qualcomm中国智能物联网联合创新中心"、阿里巴巴"飞象工业物联网"、中国信通院"物联地带·渝"等产业创新孵化平台，正逐步形成集模组、芯片、平台、终端、应用于一体的产业体系，实现物联网产业与技术的融合创新。

4. 福州经济技术开发区

福州经济技术开发区全力深化国家级物联网产业集中区建设，现集聚了 185 家物联网企业，拥有新大陆等上市企业 20 家、省级以上龙头企业 22 家，2019 年物联网相关产值 686 亿元。基地龙头企业综合实力显著，新大陆被国际知名评估机构尼尔森评价为全球第二、亚洲第一的 POS 机具供应商；福光股份成为全国首批、全省首家科创板上市企业。福州经济技术开发区及其重点企业参与制定国家标准 12 项、行业标准 3 项，新大陆科技、网龙网络荣登中国软件和信息技术服务综合竞争力百强榜，网龙网络、乐游网络入选中国互联网企业百强榜，正逐步形成集光电感知、精准识别、智能仪表、应用软件、传输通信于一体的产业体系。

5. 江西鹰潭

江西鹰潭高标准打造物联网产业发展平台。基地物联网产业规模达 351.8 亿元，全市现有物联网企业 256 家，2019 年新增物联网制造类企业 44 家，引进项目 64 个，其中 10 亿元以上项目 13 个。打造了一批以欧菲炬能、水晶光电、永威光电、沃得尔、瑞源精密、明康通信、三川智慧、美智光电、普华鹰眼等为代表的行业龙头企业，培育了一批细分行业领军企业，涵盖了物联网感知层、网络层、平台层、应用层，形成了产业集聚。基地共建成研发、检测、认证、成果转化及网安、信息存储等各类服务平台 44 个，基本形成一体化物联网公共服务平台体系，可为物联网产业发展提供全产业链的配套服务。

（二）基地发展情况

经过多年培育发展，五大国家物联网产业示范基地均已形成自身发展特色，实现了产业集聚发展，在产业国际影响力及园区建设、服务等方面走在了全国前列。

1. 基地取得全面发展，向具有国际竞争力的产业集群迈进

物联网基地 2019 年共实现物联网产业产值 5223 亿元，共集聚了物联网企业 2363 家，培育了海康威视、中移物联网、朗新科技、新大陆、三川智慧等物联网领域的龙头企业，打造了智能控制器、视频产品、OneLink 平台、智能传感器、NB-IoT 智能水表等具有国际竞争力的核心产品，形成了覆盖物联网感知层、网络层、平台层、应用层的全产业链环节。国家物联网产业示范基地 2019 年发展情况如表 3-6 所示。

表 3-6 国家物联网产业示范基地 2019 年发展情况

序号	名称	获评批次	物联网企业数/家	龙头企业	核心产品
1	无锡	第一批	1300	朗新科技、无锡先导、易视腾	智能控制器、超小型单芯片 MEMS 加速度传感器、电源管理类芯片
2	杭州	第三批	300	海康威视、大华、宇视	视频产品、监控产品
3	重庆	第二批	322	中移物联网、中交通信、维沃通信	OneLink 平台、智能终端
4	福州	第六批	185	新大陆、福光股份、上润精密	智能传感器、光学镜头、专业金融 POS 机具
5	鹰潭	第八批	256	三川智慧、美智光电、渥泰环保	NB-IoT 智能水表、智能净水机、智能门锁
6	合计	—	2363	—	—

2. 实施高水平对外开放，产业国际影响力正在不断提升

打造全球物联网标准。无锡高新技术产业开发区培育了一批掌握标准话语权的优势企业，已制定 ISO 国际标准 14 项。无锡物联网产业研究院制定了首个国际物联网金融标准。福州经济技术开发区累计制定国际标准 9 项、国家标准 114 项，发布基于 NB-IoT 的道路照明智能标准，填补了相关领域国际标准空白。

获得全球智慧城市奖项。江西鹰潭 2019 年在巴塞罗那全球智慧城市

大会上，荣获全球智慧城市数字化转型奖和全球智慧城市中国区产业数字化转型奖，该奖项与全球 120 个国家、300 多个城市、450 个城市项目共同角逐。

举办高端品牌论坛活动。无锡高新技术产业开发区连续四届成功举办世界物联网博览会，连续多年举办慧海湾物联网大会、智能传感器论坛、中欧物联网峰会等高端品牌论坛活动。

3. 立足优势实现特色发展，全国统筹区域协调形成产业链整体优势

强化产业链优势环节。杭州高新区（滨江）重点打造数字安防先进制造集群，形成了海康威视、大华等行业龙头，两家企业 2019 年共实现利润 170 亿元，占基地物联网利润的 70%。

大力推进物联网规模化示范应用。江西鹰潭搭建了铜产业大数据平台，通过助力产铜企业在生产、仓储、金融、贸易、物流等全产业链环节升级，生产效率提高了 20%，运营成本降低了 20%。福州经济技术开发区由基地牵头组织实施，以区内物联网企业为主，在中央党校建设的智慧校园后勤项目获得权威认可，在全国范围内打响了福州物联网品牌。

4. 提供全周期管家式服务，成为基地企业创新创业的有力保障

持续优化营商环境。杭州高新区（滨江）全面实施"四办""五减"行动，推进"最多跑一次"，率先完成"一窗受理"平台街道全覆盖，开展企业开办全流程一日办结全省试点；成功创建全省唯一的国家知识产权服务业集聚发展示范区，集中办理专利申请、商标受理、版权咨询等多项业务，全年专利申请量 18330 件。

为高端人才引进提供支撑。无锡高新技术产业开发区利用物联网智库"飞凤百脑慧"合作打造物联网人才大数据云平台，在全球引进高端人才，出台"飞凤人才计划"，对物联网领军人才给予最高 1000 万元扶持。

不断优化金融资源配置。无锡高新技术产业开发区全力推动金融综合服务平台建设，促进金融资源与物联网产业的深度融合，共设立物联网产

业相关基金 10 余个，资产总额达 500 亿余元。重庆南岸区设立 2 亿元科技型企业知识价值信用贷款风险补偿基金，以激发全社会创新活力和动力。

实现基地全域景区化建设。杭州高新区（滨江）积极导入物联网文化 IP，高辨识度的特色 VI 系统基本覆盖小镇，2019 年旅游接待总人数达到 35 万人次，同比增长 16.7%。

三、物联网产业发展分析

目前我国物联网产业发展情况良好，发展基础进一步夯实，形成了自身发展特色。为了实现物联网产业的进一步发展，现需要对产业发展面临的机遇、挑战进行梳理，明确产业发展取得的成绩和存在的问题。

（一）政产学研用资等多元主体协同，推进产业发展

物联网市场发展迅猛。据沙利文数据中心预测，我国物联网产业规模 2020 年为 2 万亿元，到 2023 年预计为 3.3 万亿元，发展迅猛。物联网在制造业、零售业、服务业、公共事业等多个领域加速渗透，创造出比互联网更大的市场空间和产业机遇。

国家和地方政策大力支持。政府不断加强对物联网发展的顶层设计，加大物联网产业生态的构建力度。国务院及各级政府积极营造物联网产业发展的有利环境，出台全方位、多层次的支持政策及措施，推动物联网进一步发展。

社会智能化发展需求推动行业发展。智能化是当前社会发展的重要趋势，物联网能够在传统行业升级改造和公共服务质量提高等方面显著提升其智能化水平，因此社会智能化发展趋势促使社会对物联网技术的需求逐步提高。

新技术不断注入带来创新活力。MEMS 技术、NB-IoT 技术、边缘计算技术等新兴技术逐步进入物联网行业，明显加快了行业发展步伐。区块

链、人工智能技术对物联网行业有较大赋能空间，随着区块链在物联网商用场景逐步落地、人工智能技术与物联网逐步赋能融合，区块链技术和人工智能技术未来将成为促进行业发展的重要力量。

数字基础设施建设取得进展。在 5G 网络建设方面，截至 2020 年 6 月底，5G 终端连接数已超过 6600 万个，截至 2020 年年底，全国建设 5G 基站超过 60 万个，覆盖全部地级以上城市。贵州、上海、深圳、广州、北京、南京、苏州、武汉、内蒙古等地的某些区域已经开始部署 NB-IoT 和 LoRa 局域网络。

物联网应用范围广泛。目前，物联网在智能交通、智能物流、智能电网、安防监控等领域应用已较为成熟；在智能医疗、智能穿戴和车联网等领域展现出了强大的市场内生动力，基本具备全面推广的各方面条件，必将成为物联网应用的发展方向。

投融资不断增长，市场活跃。物联网产业正在吸引大量创业者和投资者参与研发、制造、系统集成和应用服务等领域的创新项目。根据国际数据公司统计，2021 年全球物联网投资预计将达到 1.4 万亿美元。投融资向着对较少数初创企业进行更大规模、更集中的投资这一趋势转变。

实现了一定程度的产业集聚。基本形成长三角、珠三角、环渤海、中西部地区四大物联网产业集聚区。其中，长三角区域在技术研发、产业化、示范应用等方面发挥了引领示范作用，通过无锡、上海双核发展带动，整体发展比较均衡；珠三角区域充分发挥自身优势，实现特色发展，成为我国物联网制造、软件研发和系统集成的重要基地；环渤海区域依托产学研资源和区位优势，成为物联网产业研发、设计、运营和公共服务平台的龙头区域；中西部地区实现特色发展，在软件、信息服务、终端制造等领域发展迅猛，成为第四大产业集聚区。

基本形成完整的物联网产业链。我国已形成包括模组、软硬件、系统集成、运营和应用服务等在内较为完整的物联网产业链，各关键环节均已取得重大进展。特别是在二维条码、中高频 RFID、M2M 服务等环节，产业链已经较为成熟，市场份额也在不断扩大，具备了一定领先优势；在高端传感器制造、基础芯片设计、智能信息处理等薄弱环节与国外的差距不断缩小；物联网基本实现平台化、服务化的发展模式，第三方运营平台不断整合各要素，实现产业生态有序发展的良好局面。

新冠肺炎疫情为产业发展带来了机遇。新冠肺炎疫情下各国政府实施封国封城、断航断路、停工停产等防疫措施，使得以生产要素自由流动的全球化陷入瘫痪或停滞状态，与实体贸易停滞形成对比的是数字经济的逆势上涨。受新冠肺炎疫情影响，在线教育、网络购物、远程办公的需求激增，直接推动了5G的商业化运用，加速了数字新基建的建设进程，推动了物联网产业发展。

（二）竞争对手强劲及创新不足带来挑战

国内外科技巨头纷纷布局物联网。思科、诺基亚、微软等科技巨头纷纷在物联网领域投资布局，拓展产业版图。国内包括三大运营商及华为、阿里巴巴、腾讯、百度、中兴通讯等行业龙头，也已积极布局投入物联网产业，抢占物联网产业细分领域市场份额，物联网市场面临的竞争对手越发强劲，龙头企业竞争优势略显不足。

行业标准尚未统一规范。物联网发展涉及多项技术，目前尚未建立完整、统一的技术标准体系，而物联网缺乏互通互联的技术标准影响不同技术之间的互操作性。信号接口标准、数据模型标准等共性标准，传感器标准、RFID等关键技术标准亦尚未统一规范，导致资源浪费、设备无法互通调用。

产业生态还不完善，协同性不强。物联网较大部分细分领域如传感器、芯片、模组等方面，技术水平较国外先进水平存在一定差距，技术成熟度和成本控制水平都还未达到一流水平，产业生态还不是很完善，产业协同水平仍待提升。

缺乏差异化、可持续的商业模式。物联网行业仍然缺乏成熟的商业模式，与相关行业的融合发展有待进一步深化，部分细分领域存在管理分散、推动力度不够等问题，新技术、新业态的发展面临跨行业的体制机制障碍。

物联网安全技术体系缺乏。物联网要面临比传统网络更加复杂的安全问题，既要处理网络传输安全问题，又要处理感知层海量多样、多源异构数据，带来更加复杂的安全问题，目前尚未形成有效应对的安全技术和体系。

四、物联网产业发展建议

针对当前物联网产业发展面对的机遇和挑战，以及工作取得的成绩和存在的问题，后续建议在以下几个方面进一步下功夫。

（一）构建产业发展生态

引进和培育对物联网产业发展生态关联性大、带动性强的大企业和大集团，以及成长性较强、特色鲜明、技术先进的中小企业，形成大中小企业协同发展的良好局面。发挥龙头企业示范、辐射和销售网络的引领作用，对产业重点发展领域给予更加优惠的支持政策，引导物联网产业及发展生态向符合发展趋势和自身实际的方向前进。营造优质营商环境，建设和完善物联网产业服务平台，提升物联网关键技术研发、示范应用推广、产业生态发展等公共服务能力。整合现有资源和资金渠道，在科研创新、技术改造、企业融资、应用推广、人才引进、本地配套等方面给予政策和资金支持。

（二）培育国家级物联网产业示范基地

建立物联网产业发展基地，培育打造其成为国家级物联网示范基地，在技术创新、产业培育、融合应用、基地建设、人才引进等方面获得政策支持，实现产业集聚发展。与其他国家级物联网示范基地加强数据共享交换,在基础设施统筹部署、集成应用平台建设、监测数据共享交换等方面实现统筹,避免出现重复投资、数据孤岛等问题。制定出台物联网产业统计标准,厘清物联网产业链环节,规范物联网产业统计工作流程,加强物联网产业统计监测。

(三)坚持创新驱动产业发展

围绕先进感知、5G、人工智能、集成电路、信息安全等关键技术精准发力,以企业为研发载体,实施一批具有前瞻性、战略性的重大科技项目。抢占标准高地,通过强化园区、企业、高校及科研机构合作,制定物联网核心基础标准。采用传统产品智能化、轻资产以租代买、转嫁第三方补贴、共享资源互利、跨界创新生态等创新商业模式。持续拓展技术与市场合作领域,加强国内物联网企业与国际一流企业在物联网领域关键技术研发和产业化发展等方面的合作,联合建立国际物联网产业联盟,策划并举办具有国际影响力的物联网创新活动。

(四)强化规模化示范应用

紧扣"智能制造""智慧城市"两条主线,持续推进面向工业升级、城市治理和民生福祉等重点领域的物联网规模化示范应用。加速一批试点企业向智能制造方向转型,实施企业智能化工厂、数字化车间改造,同时加速推进智慧水务、智慧交通、智慧党建、智慧路灯、智慧停车等数字化治理场景。以企业为依托,强化规模化示范应用,不断引导产业应用向规模化、专业化、协作化方向发展,增强区域自身实力和辐射强度,塑造竞争优势。

(五)打造物联网产业链整体优势

实施"链长制"管理,对各基地物联网产业链布局进行统筹考虑,形成全国物联网产业链整体优势。按照"强链、延链、补链"要求，在对各基地物联网领域特色优势环节进行重点扶持的同时，补齐短板，在实现产业自主可控的同时获得国际竞争力。

参考资料

1. 全球移动通信协会（GSMA）.2020年移动经济，2020-03-23。

新能源汽车产业发展及专利布局情况研究

吴洪振[1]

摘　要： 2020年是我国新能源汽车产业极具变化和挑战的一年，经历了2019年的产销量下滑，紧接而来的新冠肺炎疫情加剧了全年形势的不确定性。为降低新冠肺炎疫情的影响，我国先后出台了一系列消费鼓励措施，如延长新能源汽车购置补贴和2年内免征车辆购置税政策等。有效的疫情防控措施和合理的政策扶持使得我国社会经济恢复较快，有效刺激新能源汽车市场逐步扭降转增，新能源汽车全年销量达到136.7万辆。2020年的新能源汽车市场变化多端，在国外竞争加剧的背景下，新能源汽车市场仍然机遇与挑战并存。

关键词： 新能源汽车；产业；专利；建议

Abstract: 2020 is a year with great changes and challenges for the new energy vehicle industry in China. After the decline in production and sales in 2019, the subsequent COVID-19 exacerbated the uncertainty of the whole year. In order to reduce the impact of COVID-19, the government has introduced a series of consumer incentives, such as extending the new energy vehicle purchase subsidy and the

---

[1] 吴洪振，国家工业信息安全发展研究中心工程师，研究方向为新能源汽车（电子）、智能网联汽车。

exemption from vehicle purchase tax policy for 2 years. Effective epidemic prevention and control measures and reasonable policy support have made Chinese social and economic recovery faster, effectively stimulated the new energy vehicle market to gradually turn from decline to increase, and the annual sales reached 1.367 million. In 2020, the market of new energy vehicle will be changeable. Under the background of intensified foreign competition, the market of new energy vehicle is still full of opportunities and challenges.

Keywords: New Energy Vehicle; Industry; Patent; Proposal

一、产业发展概况

（一）2020年新能源汽车产业发展现状

全球新能源汽车销量逆势大幅增长。2020年，全球汽车市场较为低迷，总销量为7803万辆，同比下降13%，是近三年来最大降速（2018年全球汽车销量开始下降，当年下降1%，2019年下降4%）。但是在新能源汽车方面，全球新能源汽车销量却逆势大幅增长43%，达到324万辆。从各国销量来看，我国以136.7万辆的销量占全球总销量的42%，比重首次低于50%，优势地位减弱；德国总销量达到39万辆，超过美国成为全球第二大单一市场；美国总销量为32万辆，法国为19万辆，英国为18万辆，韩国为5.2万辆。从企业来看，销量排名前五的企业分别是特斯拉、大众汽车、上汽集团、雷诺-日产-三菱联盟、宝马集团，其中特斯拉全球交付49.95万辆，特斯拉Model 3排名单一车型销量冠军，共销售36.5万辆，连续三年成为全球最畅销电动车；国内的爆款车型五菱宏光Mini EV共销售11.9万辆，位居单一车型全球第二，也是我国唯一进入销量排行榜前十位的车型。

国内市场逐渐恢复。在政策大力扶持和市场驱动的双重作用下,我国汽车整体市场和新能源汽车市场都有较好的销量表现。2020年,全国汽车销量为2531.1万辆,同比下降1.9%,下降幅度是近三年来的最低(我国汽车市场自2018年结束十余年的增长,2018年和2019年汽车销量分别下滑2.8%和8.2%);在全球市场中的份额占比也有所回升,较2018年的30%和2019年的29%,回升到32%。在新能源汽车方面,2020年销售136.7万辆,同比增长10.9%,扭转了2019年的下降趋势。纯电动乘用车的销量更是首次突破100万辆。在车型方面,特斯拉Model 3国内累计销量为13.7万辆,是我国新能源汽车销量冠军。

充电桩保有量持续增长。根据中国电动汽车充电基础设施促进联盟数据统计,2020年,全国新增充电基础设施46.2万台,截至2020年12月,全国充电基础设施累计数量为168.1万台,同比增加37.9%。公共类充电桩80.7万台,其中,交流充电桩49.8万台,直流充电桩30.9万台,交直流一体充电桩481台;包括北京、广东、上海、江苏、浙江、山东、安徽、湖北、河南、河北的排名前10位的地区建设占比达72.3%;全国充电电量则主要集中在广东、江苏、四川、北京、河南、陕西、山西、山东、福建、浙江等省份;运营充电桩数量超过1万台的企业共有9家,分别为特来电运营20.7万台、星星充电运营20.5万台、国家电网运营18.1万台、云快充运营5.7万台、依威能源运营2.6万台、上汽安悦运营2万台、深圳车电网运营1.5万台、中国普天运营1.5万台、万马爱充运营1.3万台,9家运营商运营充电桩数量占充电桩总量的91.6%。

动力电池行业集中度继续提升。从2020年12月的国内装车指标来看,我国纯电动乘用车动力电池系统能量密度在140W·h/kg及以上的车型产量占比为63.2%,表明动力电池能量密度已经得到大幅提升,技术进步明显。当前,全球产业格局正在从中日韩三足鼎立逐渐演变为中韩拉锯、日本跟跑。2020年,全球动力电池装机量达137GW·h,同比增长17%,其中,我国宁德时代、比亚迪、AESC(原是日本企业,2018年被我国远景集团收购）、国轩和中航锂电分别以 34GW·h、10GW·h、4GW·h、3GW·h 和 3GW·h 的装机量居世界第一位、第四位、第七位、第八位和第九位；韩国 LG Chem、三星 SDI 和 SK Innovation 分别以 31GW·h、8GW·h 和 7GW·h 的装机量居世界第二位、第五位和第六位；日本松下则以 25GW·h 居世界第三位。据韩国市场研究机构 SNE Research 的研究结果，到 2025 年，全球动力电池装机量将达到 1163GW·h。从国内来看，2020 年，我国动力电池装车量累计达到 63.6Gwh，同比上升 2.3%；共计 72 家动力电池企业实现装车配套，较 2019 年减少 3 家；排名前三位、前十位的企业装车量分别占总装车量的 71.3% 和 91.8%。

（二）全球新能源汽车专利发展现状

21 世纪全球新能源汽车专利申请量迅速增长。全球范围内新能源汽车专利申请最早可追溯到 19 世纪末，但主要起步于 20 世纪 70 年代。产业发展初期由于技术积累少、总体研发水平不高、业界关注度低等原因，相关专利申请量很少，每年专利申请增长量也很平缓。自 20 世纪 90 年代以来，全球新能源汽车专利申请进入中高速增长，特别是 21 世纪以来，各国逐渐开始重视新能源汽车产业发展，尤其是在我国政府的大力推动下，产业发展进入快车道，专利申请量快速提升。截至 2019 年年底，全球新能源汽车领域专利申请量达到 209749 件，其中我国排名第一，为 67676 件，其次是日本、韩国、美国和德国，分别为 36513 件、20259 件、15328 件和 11734 件。各国申请量基本和当地汽车产业市场、实力相符合。从技术领域来看，蓄电池和燃料电池、车辆控制系统、燃料电池及制造、蓄电池及制造、电动机、混合动力汽车零部件、混合动力汽车体系结构布置及安装七大核心技术领域专利申请占比超过 1/2，其中蓄电池和燃料电池、车辆控制系统两类申请量占比最多，合计占比接近 40%。

我国专利申请量较多，呈现逐年增长态势。国内新能源汽车专利申请起步于 1987 年（见图 4-1），基本分为两个阶段：一是起步后的技术萌芽期，该时期专利申请量很少，增长也较为缓慢；二是 2002 年后的快速增长期，在国家新能源汽车重大科技专项的助推下，专利申请量开始高速增长，2002—2019 年专利申请量年均复合增长率达到 42%。从专利类别来看，发明专利占比 52%，占比不高，表明我国虽然专利申请量较多，但总体技术研发水平不高，创新能力较低。

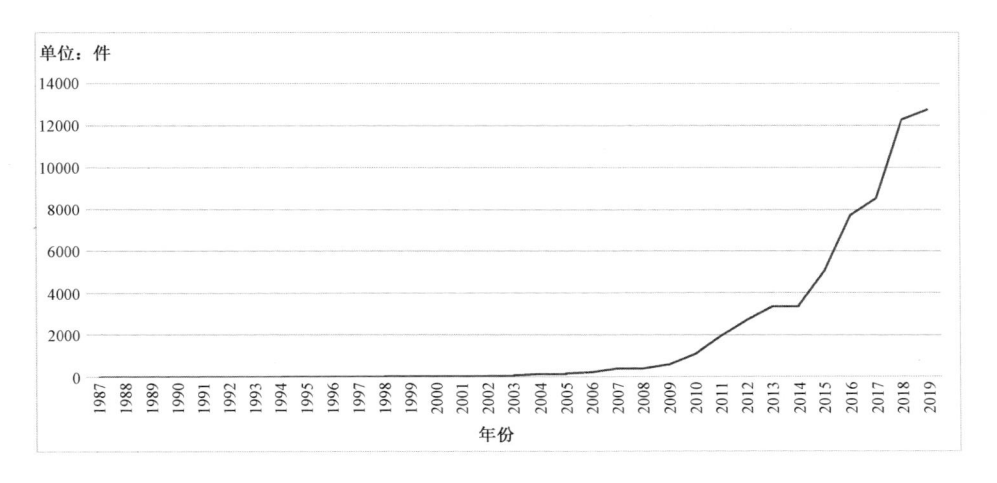

图 4-1　1987—2019 年我国新能源汽车领域专利申请量

日本创新实力雄厚，专利布局更加合理。日本不仅专利申请量居全球第二位，而且技术领先。在新能源汽车核心技术领域方面，日本专利申请量排名全球第一，达到 14263 件，比排名第二的我国高出 37%，核心领域申请量优势明显；而且在七项核心技术分布领域中有四项排名全球第一，两项排名全球第二，1 项排名全球第三，专利布局不仅均匀，而且技术实力强劲。同时，日本非常重视国外市场的专利布局，是各国专利布局量最大的国家，显示出日本企业强大的技术实力和强烈的知识产权保护意识。在专利申请人方面，丰田汽车是日本国内第一个专利申请人，在专利上的布局很早，并且一直保持稳定增长，以发明专利为主建立了强大的专利壁垒，给其他国家新能源汽车产业技术进步造成巨大的发展阻力。

（三）我国新能源汽车专利布局的主要问题

关键核心技术专利不足，分布不均。电池、电机和电控是新能源汽车的三大件，涵盖了新能源汽车的主要技术关键点，我国在锂离子动力电池材料和纯电动汽车整车领域的专利布局表现优异，但在氢能和燃料电池、驱动电机、车辆控制器领域专利布局较差。在燃料电池方面，相关专利申请长期被日本研发机构占据，日本是公认的国际龙头。在电机方面，日本企业在驱动电机技术研发和保护上处于绝对领先地位，全球排名靠前的电机专利申请人基本被丰田、电装、三菱等日本企业占据，我国相关专利申请量仅为日本的一半，如果剔除外国专利申请，技术来源于我国的电机专利申请仅为日本的 1/3。除专利申请量之外，国内专利申请以实用新型专利和外观设计专利为主，发明专利较少，和日本的专利构成存在较大反差，表明在关键技术方面掌握程度较低，总体研发能力较弱。原创专利相对专利公开量占比较低，表明外国专利申请人在我国专利申请中占比较大，存在潜在技术壁垒风险。

专利布局意识薄弱，缺乏龙头企业带动。龙头企业对产业技术发展具有极大的支撑作用，且发展战略鲜明。以日本丰田和美国特斯拉为例，丰田在驱动电机领域的专利申请全球领先，质、量并重，不仅重视在本国的专利布局，同时紧抓国外主要汽车市场的专利申请。特斯拉则重视专利公开，试图引领国际标准，使企业在技术竞争中具有自主权和话语权。反观国内情况，以比亚迪为例，从专利申请量和申请时间来看，比亚迪专利意识较强，专利布局较早，保持稳定的申请量，但核心专利技术不多，专利申请分散且主要集中在国内，与丰田和特斯拉积极进行海外布局相比相差甚远。对比世界汽车强国，我国新能源汽车专利大而不强，专利布局意识和技术差距明显。

独立研发居多，协同创新较少。我国企业、高校在技术研发创新方面的协同合作较少，只有科研院所的合作成果较多。面对与国外的技术差距，仅凭独立研发难以实现换道超车。同时，在新兴技术领域，企业技术实力本身较弱,很难在短时间内有大突破,反而阻碍了技术进步。国内新能源汽车及零部件企业在技术创新、产品升级方面还存在恶性竞争、互相攻讦的现象,宁德时代 CTP 电池技术和比亚迪刀片电池的安全性之争就是例证。实际上,产业的良性发展、技术的进步需要多方合作,这也是很多跨国企业、国际巨头经常采用的技术创新方式。

二、产业发展面临的形势

政策约束趋严。在补贴方面,2019 年 3 月新出台的国家新能源汽车推广应用财政补贴提高了技术指标门槛,补贴标准更加细化,不仅涉及续航里程、能量密度,还引入了能耗调整系数,重点支持技术水平高的优质产品。中央财政购置补贴力度也大幅降低,取消地补,补贴的重点转向支持充电(加氢)基础设施短板建设和配套运营服务等方面。在安全监管方面,工业和信息化部和国家市场监督管理总局针对整车、动力电池生产制造到售后召回做了大量工作,发布了《关于进一步加强新能源汽车产品召回管理的通知》《市场监管总局质量发展局关于进一步规范新能源汽车事故报告的补充通知》《电动汽车安全要求》《电动客车安全要求》和《电动汽车用动力蓄电池安全要求》等一系列文件和标准,从整车生产、安全排查、车辆召回、事故调查分析、结果上报、缺陷风险评估与判定等方面加强监督、管理和指导。

市场竞争加大。在整车生产方面,自 2018 年 6 月取消新能源汽车外资股比限制以来,国际竞争者不断加码国内市场。特斯拉在上海独资建厂并享受政策优惠,产品销量逐月攀升,Model 3 成为国内单一车型销量冠军,国产 Model Y 车型也即将量产下线。宝马集团计划增持中国合资公司华晨宝马的股权至 75%,与长城汽车合资的光束汽车工厂也已于 2020 年 6 月在江苏省张家港市动工,年标准产能 16 万辆。大众与江淮签署战略合资合作协议使其获得江汽控股 50% 的股权,并计划增持合资公司江淮大众的股权至 75%。在动力电池方面,自 2019 年 6 月 21 日起,《汽车动力蓄电池行业规范条件》废止，第一批、第二批、第三批、第四批符合规范条件企业目录（动力电池"白名单"）同时废止，意味着动力电池名单准入与补贴脱钩，新能源汽车厂商即使采用不在名单上的电池产品也不影响整车获取新能源补贴，给予三星、松下、LG 化学等日韩先进动力电池供应商大规模进入中国市场的机会。

多方面存在短板。在节能减排方面，新能源汽车的环保性仍缺乏权威认证，围绕全生命周期内的能源消耗及排放、不同工况下新能源汽车电耗表现出的巨大差异、电池废弃污染存在争议，社会大众、专家学者的质疑声此起彼伏。在技术研发方面，关键核心技术尚未完全掌握，呈现产业链大而不强的现象。在电池、电控等关键核心零部件领域，我国与欧美日等国家和地区还存在较大差距，尤其是以绝缘栅双极型晶体管（IGBT）为代表的汽车芯片、动力电池管理系统，长期处于跟随发展态势，未能出现突破性进展。在专利布局方面，我国专利布局尚待完善，关键核心技术和基础共性技术专利严重不足，与日本、美国等主要汽车强国相比虽然在专利申请总量上差距不大，但其中外国专利申请人占比较大，且国内专利申请以实用新型专利和外观设计专利为主，核心竞争力不强，国际专利布局滞后，产业未来发展存在专利壁垒风险。

三、2021 年产业展望

销售市场呈现一超多强格局。国产特斯拉 Model 3 展现出极大竞争力，在销量上成为独特的存在。从综合品牌竞争力和产品性价比来看，短期内缺乏能够分占 Model 3 用户市场的产品，比亚迪、广汽、北汽等国产强势新能源品牌只能屈居二线，新造车势力虽然表现出一定的竞争力，但是综合品牌和性价比还有较大差距，国内竞争从以国产品牌竞争为主转变为国际、国内、合资品牌多方竞争，总体呈现一超多强格局。

产品创新方向趋于多样化。除电池技术外，智能化和网联化、多挡变速箱、快速充电成为企业提高产品竞争力的三个主要方向。在动力电池方面，除CTP、刀片电池技术外，电池能量精细管理和系统集成优化成为提高系统能量密度的新的主攻点。在智能化和网联化方面，电动化和智能化、网联化的联合加深，电动智能网联汽车基于信息流有效打通车、路、人、云之间的连接，成为城市中的移动节点。在变速箱方面，两挡变速器、E-CVT代替单挡变速器用来降低电耗和对电动机性能的要求，提升整车续航里程。在充电技术方面，随着日本电动汽车快速充电器协会和中国电力企业联合会共同发布快充标准新版本CHAdeMO 3.0，最大功率超过500kW的直流充电技术有望搭载在新车上。

充换电市场迎来发展新机遇。伴随新基建的热潮，新能源汽车充电桩建设成为资本投资热点，在信息技术支撑下，充电桩朝着智能化、车桩协同的方向发展。对于企业来说，精细化管理和运营成为降低成本、提高充电桩利用率、转亏为盈的必然要求。另外，2020年"增加充电桩、换电站等设施"作为新型基础设施建设的重要组成部分第一次写入《政府工作报告》，这表明对车电分离模式的肯定，激发企业投资力度，利于换电模式的推广。

四、加强我国新能源汽车产业专利布局的相关建议

构建新能源汽车产业专利申请联盟。鼓励新能源汽车企业、科研院所组建新能源汽车产业专利申请联盟，根据新能源汽车技术体系和发展路线，针对关键核心技术和共性基础技术制定专利申请策略，推动产学研技术研发和专利合作。构建专利情报搜集网络，开展对国外竞争对手的专利跟踪与分析，充分了解其技术研发方向和专利申请策略，形成专利情报信息库，积极规避专利侵权行为，找准专利申请空间，保护自主专利权。积极谋划加拿大、澳大利亚、西班牙、俄罗斯、巴西等原创专利数量较低国家的专利布局，抢先占领市场。不断完善优势专利的保护措施，建立专利预警制度。

加大龙头企业培育。选取在新能源汽车产业具有较深技术积累、较好

市场口碑、较大市场份额的企业进行重点培育,通过财政、政策等扶持助推企业发展,逐渐培育国际知名企业,打造世界名品。加强专利研发合作,形成由龙头企业带动,其他企业、高校、科研院所等合作共建的技术创新和专利布局联盟,建立高效的产学研合作关系,共同研发新能源汽车关键技术,联合培养人才,共享资源,降低成本,在竞争中寻求合作,提升国内企业与国外大型企业相抗衡的竞争能力。

紧抓前沿创新技术趋势。一方面,全球产业技术创新的进程和侧重点,主要发达国家、龙头企业在技术路径上的选择和产业链布局一定程度上代表了未来技术发展趋势,需要我们加大关注力度,实时跟踪掌握,如燃料电池技术、车辆控制装置技术、固态电池、快速充电、智能芯片、域控制器等;另一方面,参考全球前沿创新技术作为国内技术研发的补充方向,针对没有统一国际标准的领域,加大研发投入,抢抓技术研发成果先机和专利布局,积累自主知识产权,争取成为产业标准的制定者,助力构建知识产权竞争支撑,使企业在技术竞争中具有自主权和话语权,并快速拓展海外市场。

Ⅲ 专题篇
Thematic Articles

B.5
新冠肺炎疫情对我国制造业产业链安全的影响及应对

高帅[1]

摘　要： 我国境内新冠肺炎疫情已基本得到控制，国内制造业产业链正在逐步恢复。但随着新冠肺炎疫情在海外迅速扩散，各国正常生产生活秩序被打乱，我国制造业将在供给和需求两侧面临二次冲击。在供给方面，新冠肺炎疫情全球蔓延导致的停工停产及物流受阻或将使我国制造业面临断供或价格大幅上涨风险；在需求方面，外需持续恶化及内需复苏受阻或将降低我国制造业产业链完备度和竞争力；同时，我们也应注意到受新冠肺炎疫情影响的国家的供应链受阻或将为我国具有替代能力的产业链带来发展良机。此次新冠肺炎疫情是对我国制造业产业链的一次压力测试，集中暴露了我国产业链协调性、完善性和抗风险能力存在的问

---

[1] 高帅，国家工业信息安全发展研究中心助理研究员，博士，研究方向为产业经济、环境经济等。

题。建议近期将施策重点放在缓解新冠肺炎疫情对我国制造业产业链的冲击上，中长期应着力提升产业链竞争力和国际化程度，同时积极推动各国携手维护全球供应链安全。

关键词： 新冠肺炎疫情；产业链；制造业

Abstract: The epidemic COVID-19 situation in China has been basically brought under control, and the domestic manufacturing industry chain is gradually recovering. But with the rapid spread of the epidemic overseas, the normal order of production and life in various countries has been disrupted, which makes the manufacturing industry in china face secondary shocks on both sides of supply and demand. On the supply side, the suspension of production and logistics caused by the global spread of the epidemic may put the manufacturing industry in China at risk of outages or sharp price increases. On the demand side, the continued deterioration of external demand and the impeded recovery of domestic demand may reduce the completeness and competitiveness of the manufacturing industry chain. But at the same time, we should also note the obstruction of the supply chain of the affected countries may bring opportunities for the development of Chinese industrial chain with alternative capabilities. The epidemic is a stress test on the manufacturing industry chain, which intensively exposed the lack of coordination, completeness and anti-risk ability of industrial chain in China. It is recommended that the government should focus on mitigating the impact of the epidemic on the manufacturing industry chain in the near future. In the medium and

B.5 新冠肺炎疫情对我国制造业产业链安全的影响及应对

long term, efforts should be made to improve the competitiveness and internationalization of the industrial chain, and to promote countries working together in order to maintain the security of global supply chains.

Keywords: COVID-19; Industrial Chain; Manufacturing

一、新冠肺炎疫情对我国制造业产业链的潜在影响

（一）新冠肺炎疫情全球蔓延导致的停工停产及物流受阻或将给我国制造业产业链带来供给冲击

一方面，由于海外新冠肺炎疫情日趋严峻，多个国家制造业出现停工停产现象，我国产业链面临供给冲击。在汽车、机械、发动机类、医药和航空航天等行业，我国处于产业链中下游位置，进口国主要集中在美国、德国、英国、法国、意大利，进口占比为40%～83%。目前，由于这些行业大多数具备1～2个月的安全库存，因此还未出现大规模的供给冲击。但如果海外新冠肺炎疫情持续发展，加之这些产品较强的不可替代性，将导致我国进口供应链面临断供或涨价风险。另一方面，新冠肺炎疫情导致全球空运、海运等物流渠道受阻及物流成本飙升，进一步加剧我国产业链供给冲击。据不完全统计，目前全球有20多家航空公司全线停飞所有航班，未停飞航班价格升高1～3倍；大量班轮公司宣布大规模停航，据Sea-Intelligence数据统计，亚欧和泛太平洋航线上已有300万箱运力取消。如果新冠肺炎疫情不能得到有效控制，全球物流存在中断可能，加剧我国产业链断供风险。

（二）外需持续恶化及内需复苏受阻或将降低我国制造业产业链完备度和竞争力

一方面，主要出口国新冠肺炎疫情恶化导致我国外需受到重大冲击。全球重点受疫情影响的国家和地区在我国出口贸易中占据重要地位，如美国、德国、法国、英国、韩国等国占我国出口比重的30%。我国外需压力明显增大，制造业延迟或取消出口订单的报道频现报端。若新冠肺炎疫情持续恶化，预计有40%的出口订单将受到影响。另一方面，新冠肺炎疫情导致的消费模式变化及收入降低致使内需复苏受到较大阻碍。根据摩根士丹利的调研，国内消费和服务行业的供给复苏远快于需求复苏，可选消费，包括家用电器和电子产品等消费仅恢复到正常水平的不到60%，而完全恢复正常或许要延迟至第三季度。外需持续恶化及内需复苏受阻或将使生产企业面临二次停工停产风险，而这一风险又会沿着国内产业链逐级传导，导致这些行业在我国的产业链出现断裂或缺失，降低我国产业链完备度，削弱我国产业链竞争力。

（三）受新冠肺炎疫情影响国家供应链受阻或将为我国具有替代能力的产业链带来发展良机

近年来我国制造业研发经费和研发人员规模实现较快增长，技术水平和创新能力有较大提升，在部分行业已经具备一定替代能力，此次新冠肺炎疫情导致的全球供应链格局变化可为这部分行业产业链提供发展良机。根据广发证券的研究报告，从国内生产技术、研发投入、出口竞争力角度分析，我国在汽车零部件、面板、集成电路等行业存在较强的替代能力。以汽车零部件双离合变速器（DCT）为例，2016年之前的核心技术被美国和德国厂商垄断，但近年来比亚迪、上汽、广汽等自主品牌车企纷纷自主开发，自主DCT变速器已实现量产上市，有望在海外供应链受阻阶段提升我国占全球市场的份额。

二、新冠肺炎疫情折射出我国制造业产业链存在的问题

（一）产业集群地域优势不足导致制造业产业链协调性较差

新冠肺炎疫情期间的复工复产困难充分体现了我国产业链协调性较差这一弱点。新冠肺炎疫情导致生产、要素供给跨地区物流受阻，产业链上下游协同不畅，进而出现"复工不复产、复产不续产、续产不高产"等现象。造成产业链协调性较差的主要原因在于我国制造业产业链布局较为分散，产业集群的地域优势发挥不足，未能有效形成产品集中生产、专业化协作配套的企业及各种相关机构、组织等集聚发展的经济现象。

（二）产业基础能力弱导致制造业产业链未能形成闭环运营

我国基础零部件、基础工艺、基础材料和产业技术基础等工业基础能力较弱，核心领域创新不足，与国外差距较大，并受制于人。例如，在集成电路领域，95%的高端芯片依赖进口；在工业机器人领域，国产化率仅有30%，绝大多数核心零部件依赖进口。薄弱的产业基础能力导致我国制造业产业链关键环节缺失，未能形成闭环运营，存在断链隐忧。新冠肺炎疫情期间这一问题尤为明显，频频出现因国外供应链停摆导致的断供现象。究其原因，虽然我国规模以上的制造业研发经费占主营业务比例有所提高，但研发投入强度有待提升，特别是数字化设计应用还不够广泛，设计研发工具普及率与欧美有较大差距。

（三）供应链风险意识不强及数字化转型不足导致制造业供应链弹性较差

我国制造业供应链弹性较差，具体表现在两个方面：一方面是在新冠肺炎疫情暴发时我国供应链系统未能充分规避风险，抵御能力较差；另一

方面，在供应链发生中断时，又未能快速反应并找到有效的恢复路径回到稳定状态，恢复能力较差。究其原因，主要有两点：一是我国供应链安全管理意识不足，在行业层面缺乏应急管理的经验和能力，在企业层面缺少上下游沟通和风险规避机制；二是供应链数字化率较低，5G 网络、物联网、人工智能等新型基础设施与制造业融合程度不足，未能形成信息透明、各环节协调可视的网状供应链体系。

三、应对措施

（一）近期应将施策重点放在缓解新冠肺炎疫情对我国制造业产业链的冲击上

一是促进我国产业链畅通联动发展。优先保障产业链关键环节和在全球供应链具有重要地位的企业复工复产。二是确保供应链安全稳定。全面分析供应链各环节产能数量，开展供应链安全监测预警，在关键环节做好储备计划；同时增加海外采购渠道，增加库存储备，并加大力度培育国内替代供应链。三是激发国内市场消费潜力。推动出口产能信息共享，监测外贸出口企业订单情况，帮助其将暂时遇到出口困难的订单转移到国内出售，利用内需减少这类企业供应链中断的风险。

（二）中长期应着力提升产业链竞争力和国际化程度

一是优化制造业产业链布局。充分利用全球产业链重构的窗口期，做好我国产业链布局的顶层设计，形成一批具有全球竞争力的各具特色的先进制造业产业集群。二是提升产业基础能力，完善我国产业链体系。加强产业基础能力建设，集中力量突破产业链关键环节，促进高附加值行业实现国内替代和国产化，推动跨国收购，吸引国外企业，促进供应链的本地化和区域化。三是提升产业链的开放性和包容性。扩大外资市场准入，加快外资金融开放步伐，在四大经济圈等有条件的地方，进一步缩减外资准入负面清单,持续吸引和鼓励全球高端制造业来华投资。

(三)国际层面推动全球供应链合作与治理

一是推动供应链上下游国际合作。挖掘与主要贸易伙伴间供应链互相依赖的潜力,探索"供应链自然灾害应对计划""供应链安全协议"等合作形式,共同保障突发情况下的供应链安全。二是提高全球运输和物流的弹性化。与国际海事组织、国际海关组织、万国邮政联盟等国际组织合作,在物流领域形成长效合作机制,降低其中断风险,保障全球供应链稳定。三是推进"数字丝绸之路"建设。推动"一带一路"沿线国家供应链数字化转型,积极构建"数字丝绸之路",进而实现各国优势资源共享、产业链协同和合作发展。

参考资料

1. 盛朝迅. 推进我国产业链现代化的思路与方略. 改革,2019(10):45-56。
2. 刘如,陈志. 新冠肺炎疫情对我国产业供应链的影响与对策. 科技中国,2020,(3):31-35。
3. 联合国开发计划署驻华代表处. 新冠肺炎疫情对中国企业影响评估报告,2020。
4. 张丽莉,赵善琛. 我国装备制造业产业安全问题研究. 理论探讨,2020(2):126-130。
5. 广发证券. 全球疫情如何影响中国产业链?2020。

B.6 提升产业链供应链现代化水平的几个思考

李彬[1]

摘　要： 全球产业链出现本地化和区域化趋势，全球技术封锁态势加剧。目前我国产业基础能力高级化仍存在瓶颈，产业链完整性、畅通性有断链和滞堵风险，产业链升级与集约型生产仍需要加快。需要提出加快实施产业基础再造工程、打造产业链生态体系、保障产业链供应链安全等措施。

关键词： 产业链供应链现代化；价值链升级；产业基础能力高级化

Abstract: The trend of localization and regionalization appears in the global industrial chain, and the situation of global technology blockade intensifies. At present, there are still bottlenecks in the upgrading of Chinese industrial basic capacity. The integrity and smoothness of the industrial chain have the risk of chain breaking and blocking. The upgrading of the industrial chain and intensive production still need to be accelerated. Some measures are put forward, such as speeding up the implementation of the industrial foundation reconstruction project, building the industrial chain ecosystem, and ensuring the safety of the industrial chain supply chain.

---

[1] 李彬，国家工业信息安全发展研究中心高级工程师，博士，研究方向为工业发展和投资、新兴产业。

Keywords: Industrial Chain Supply Chain Modernization; Value Chain Upgrading; Industrial Basic Ability Upgrading

"提升产业链供应链现代化水平"是党中央、国务院深入分析我国发展环境面临的深刻复杂变化,科学把握全球产业发展规划,做出的重大决策部署。提升产业链现代化水平,需要实现产业基础高级化、产业链完整畅通化、价值链升级化。制造业是我国产业链供应链现代化水平的主战场。

一、产业基础能力高级化仍存在瓶颈和短板

产业基础能力是提升我国产业现代化的主攻方向,也是各国固守竞争优势的核心阵地。我国已经建立了门类齐全的工业体系,是全球价值链的重要参与者和关键枢纽之一,但是保障产业发展的基础零部件(元器件)、基础工艺、基础材料、产业技术基础"四基"等方面还严重受制于人。

具体来看,一是我国对部分核心零部件和关键技术进口依赖度较高。2018年,《科技日报》对国内35项亟待攻克的核心技术进行了梳理,主要领域集中在基础零部件(芯片、航空发动机短舱、手机射频器件、高压柱塞泵等)、关键材料(光刻胶、ITO靶材、航空钢材等)、先进装备(光刻机、真空蒸镀机等)、高新技术(iCLIP技术、核心工业软件等)。在装备制造领域,高档数控机床、高档装备仪器、运载火箭、大飞机、航空发动机、汽车等关键件精加工生产线上逾95%的制造及检测设备依赖进口。二是核心零部件质量和可靠性与世界工业强国相比还存在差距,如应用于精密仪表、低噪声电机等的深沟球轴承,国外产品寿命能够达到计算寿命的8~30倍,可靠性在98%以上,而中国轴承产品寿命仅为计算寿命的3~5倍,可靠性为96%。三是基础材料方面的部分关键领域短缺。根据工业和信息化部对全国30多家大型企业的130多种关键基础材料调研结果,32%的关键材料在中国仍为空白,52%依赖进口,95%的计算机和服务器通用处理器的高端专用芯片,70%以上智能终端处理器及绝大多数存储芯片依赖进口。

二、产业链完整性、畅通性有断链和滞堵风险

产业链完整性是产业链现代化的前提。近年来,国内劳动密集型产业代工企业和加工组装环节陆续向越南、印度等国家迁移,如2018年以来,富士康、仁宝等代工厂,在越南建立组装等代工生产线;英特尔将300系芯片组从成都转向越南胡志明市;和硕2019年在印度尼西亚巴淡岛建立了第一个东南亚的基地,并于2020年在越南设立子公司,逐步加大在东南亚地区的产能布局。中美贸易摩擦以来,一些发达国家加大对中国高科技企业的围堵和打压,要求本国在华企业迁出中国和迁回本国,美国实施出口管制的实体清单,进一步与中国进行技术"脱钩"。

要素结构协同是产业现代化的基础条件,即实现产业链、技术链、资金链、人才链之间的有机融合和配合。目前,产业链各要素流通还存在堵滞风险。尤其是国际新冠肺炎疫情蔓延对全球产业链产生冲击,"断链"使企业出现订单减少、招工用工出现波动、资金周转困难、人工成本和生产成本增加、原材料不稳定或中断、销售受影响六大困难,"断单""断链"及航空管制"封国"等,造成供应链中断、产品积压。

三、价值链升级与集约型生产仍需加快

价值链高端化是产业链现代化的目标。虽然在高铁、载人航天等一些高精尖产业领域,我国企业开始进入附加值较高的环节,但我国产业总体处于价值链的中低端环节。目前我国传统产业如石化产业主要以基础和大宗原料生产为主,还处于产业价值链的中低端,以化工新材料为代表的高端产品明显发展不足。一些新兴产业在全球价值链分工体系中也还处于低端环节,如集成电路行业,我国也仅在下游封测行业起步较早。在新型显示行业,价值量比较高的显示材料、前段制程和中段制程的主要设备和工艺,基本由美、日、韩垄断,我国仅占据技术壁垒相对较低的后段制程的

约20%~30%的国产化市场。

同时，虽然我国的数字化建设在"十三五"期间得到了飞速的发展，与美国的差距正逐步缩小，甚至在移动支付、电子商务和公共事业上的应用已处于世界领先地位，但以工业互联网、智能化交通基础设施、水电公共基础设施智能化等为代表，我国在制造业领域的数字化率依然明显偏低。目前，我国企业的数字化转型的比例只有25%，低于欧洲的46%和美国的54%，这也导致产业链整体效率受限。制造业整体资源集约使用和绿色生产的发展空间依然较大。

四、主要建议和对策

一是"补短锻长"，实施产业基础再造工程。一方面，加强影响核心基础零部件（元器件）产品性能和稳定性的关键共性技术研究，加大基础专用材料研发力度，提高产业技术基础能力，着力构建一批自主可控的产业链。另一方面，布局一批具有长远带动作用的新兴产业，打造新增长极；优先在新一代信息技术、新材料、智能制造等领域启动先进制造业集群培育。

二是打造产业链生态体系，保障产业链供应链安全。建立关键产业的供应链安全评估制度，促进上下游、产供销、大中小企业协同发展，打通原材料、关键零部件、资金流、物流等关键堵点，畅通产业循环、市场循环、经济社会循环。推动链条升级，加快价值链重构和价值创造环节再造，运用大数据、云计算、人工智能等高新技术对传统制造业进行升级改造。

参考资料

1. 罗仲伟. 如何理解产业基础高级化和产业链现代化. 光明日报，2020-02。
2. 黄群慧. 提升产业链供应链现代化水平 推动经济体系优化升级. 中国社会科学报，2020-11。

全球产业战略变化新趋势对我国工业发展的影响

李宁宁　李彬　吴洪振　杨培泽　窦超[1]

摘　要： 全球产业战略呈现巨大变化趋势，一方面，国际治理规则正在重新制定，政府干预受到重视，以新技术为导向、以产业生态竞争为核心的新趋势呈现；另一方面，产业安全、国家安全的重要性提升，对我国的制造业核心技术自控、产业链外迁、产业数字化转型需求的影响更加深远。"十四五"期间我国工业发展加快技术攻关和产业创新，加快构建产业集聚、产业配套、产业链、供应链、价值链、创新链、要素链等现代产业生态体系，进一步推动市场机制的完善。

关键词： 全球产业战略；工业发展；趋势

Abstract: The global industrial strategy is changing dramatically. On the one hand, the international governance rules are being reformulated, government intervention is being paid attention, and the new trend of new technology oriented and industrial ecological competition as the core is emerging. On the other hand, the increasing importance

---

[1] 李宁宁，国家工业信息安全发展研究中心工程师，研究方向为产业经济；李彬，国家工业信息安全发展研究中心高级工程师，博士，研究方向为工业发展和投资、新兴产业；吴洪振，国家工业信息安全发展研究中心工程师，研究方向为新兴产业；杨培泽，国家工业信息安全发展研究中心工程师，研究方向为产业经济运行、战略性新兴产业；窦超，国家工业信息安全发展研究中心工程师，博士，研究方向为制造业贸易。

of industrial security and national security has a far-reaching impact on Chinese manufacturing core technology self-control, industrial chain relocation, and industrial digital transformation needs. During the "14th Five-Year Plan" period, Chinese industrial development will speed up technological breakthrough and industrial innovation, accelerate the construction of modern industrial ecosystems, such as industrial agglomeration, industrial supporting, industrial chain, supply chain, value chain, innovation chain and factor chain, and further promote the improvement of market mechanism.

Keywords: Global Industrial Strategy; Industrial Development; Trend

一、全球产业政策新变化及主要特点

2018年以来，部分发达国家制定出台了一系列产业政策，主要集中在限制外资投资和出口管制、促进数字经济发展、推动制造业回归和加强高端产业保护等方面。总结来看，这些产业政策呈现如下特点。

贸易保护主义抬头，全球化逆流不断掀起。2020年上半年，美国正式修正《出口管制条例》，并不断升级对华为的管制措施，加强对全球尤其是中国的技术出口管制，保护美国产业全面参与世界标准制定，确保其全球领先地位。英国紧跟美国步伐，在2020年7月14日以"国家安全"为由要求其国内电信运营商在2020年年底前停止购买华为5G设备，并在2027年年底前完全移除相关华为5G设备。据统计，目前已有捷克、丹麦、爱沙尼亚、波兰、罗马尼亚、瑞典等国禁止华为参与本国5G建设。此外，2019年日本就修正了《外汇及外国贸易法》，以"国家安全"为由新增20个限制投资领域，并和韩国互相制裁，导致韩国将日本从出口程序优惠国名单中移除。众多逆全球化动作给全球经济和国际贸易合作带来挑战。近年部分国家出台的外资外贸相关政策如表 7-1 所示。

表 7-1　近年部分国家出台的外资外贸相关政策

时间	国家	政策	主要内容
2019-05	日本	《外汇及外国贸易法》	修改了其中以国家安全为由限制外资收购日企的制度，自 2019 年 8 月起在限制投资领域新增 20 个行业
2018-08	美国	《美国出口管制改革法案》	加强美国对外出口物项、技术的管控，范围最广、史上最严，确定 14 类"新兴与基础技术"并对其出口实施管制
2018-08	美国	《外国投资风险审查现代化法案》	针对外资对美投资进行审查
2020-01	美国	《出口管制条例》修正版	加强对全球尤其是中国的技术出口管制，首次针对具体技术领域发起，专项管制

数字经济成为全球新一轮产业政策制定的焦点。近年来数字经济发展迅速，世界各国传统产业的数字化转型正在加速推进，产业数字化和数字产业化的比重越来越高。全球范围内，数字经济发展的政策体系正在逐步丰富，各国就促进经济社会的数字化转型，立足发展人工智能、5G、数字技术、工业互联网、智能制造等实体经济和数字经济互相融合的产业发布了一系列政策，力图在数字经济发展浪潮中抢占有利地位。其中，人工智能更是成为竞争的核心，各国相继出台政策措施和战略规划加码产业布局，以人工智能、5G 等组成的数字经济将成为未来改变国际产业组织和结构的重要力量。近年部分国家（组织）出台的数字经济相关政策如表 7-2 所示。

表 7-2　近年部分国家（组织）出台的数字经济相关政策

时间	国家	政策	主要内容
2018-06	美国	《数据科学战略计划》	支持生物医学研究数据基础设施建设，促进数据生态系统的现代化建设，推动先进数据管理、分析和可视化工具的开发和使用，推动生物医学数据科学管理现代化
2018-09	美国	《美国国家网络战略》	管控网络安全风险，提高国家信息和信息系统的安全性和灵活性；保护美国在技术生态系统中的影响力，以网络空间发展驱动经济增长；识别、反击、破坏、降低和阻止网络空间中破坏稳定并破坏美国国家利益的行为

B.7　全球产业战略变化新趋势对我国工业发展的影响

续表

时间	国家	政策	主要内容
2019-02	美国	《美国人工智能倡议》	要求联邦政府机构聚焦人工智能领域投资，着力保持美国在人工智能领域的领导地位
2019-06	美国	《2019年国家人工智能研发战略规划》	指导全国人工智能技术研发和产业应用
2018-04	欧盟	《欧盟人工智能战略》	部署欧盟人工智能领域的技术研发、道德规范制定及投资规划
2018-12	欧盟	《促进人工智能在欧洲发展和应用的协调行动计划》	提出设计伦理和设计安全两大关键原则，旨在最大程度发挥欧盟和各成员国人工智能相关投资的作用，促进研发应用的协同合作
2018-01	英国	《产业战略：人工智能领域行动》	围绕人工智能与数据经济发展思路、劳动力、基础设施、商业环境、产业集聚区五个方面制定行动目标和实施措施
2018-06	英国	《国家计量战略实施计划》	提升国家计量能力，确保用户对数据的信心并帮助企业正确决策，同时支撑英国工业战略实施
2018-07	德国	《联邦政府人工智能战略要点》	确立德国发展人工智能的目标和在研究、成果转化、人才培养、数据使用、法律保障、标准确立、国内外合作等优先行动领域的措施，将德国人工智能的研发和应用提升到全球领先水平
2018-11	德国	《人工智能德国制造》	将人工智能提升到国家高度，提出整体政策框架，并计划在2025年前投入30亿欧元
2018-03	法国	《法国人工智能发展战略》	结合健康、交通、环境和国防安全四个优先领域加速发展人工智能技术，5年内投入15亿欧元用于支持科研创新
2018-07	法国	《5G发展路线图》	加快促进5G技术发展和应用，扩大法国在该领域的话语权和影响力
2018-09	法国	《利用数字技术促进工业转型的方案》	解决法国工业存在的就业脆弱性与工业出口缺乏竞争力两大结构性问题
2018-05	俄罗斯	《2024年前俄联邦发展国家目标和战略任务》	明确提出2024年前确保俄罗斯在智能制造、机器人系统、智能运输系统等科技优先发展领域进入全球5强

续表

时间	国家	政策	主要内容
2019-09	俄罗斯	《俄罗斯国家人工智能发展战略》	提出俄罗斯发展人工智能的基本原则、总体目标、主要任务、工作重点及实施机制，旨在加快推进俄罗斯人工智能发展与应用，谋求在人工智能领域的世界领先地位
2018-04	韩国	《创新增长引擎》（5年计划）	发展智能基础设施领域、智能移动物体领域、会聚服务领域、产业基础领域等
2018-07	韩国	《人工智能研发战略》	投资2.2万亿韩元，计划在2022年前新设六所人工智能研究生院，加强人工智能研发能力

制造业回归和高端产业保护成为发达国家的重要理念。近年来，脱实向虚的经济发展态势导致西方发达国家产业空心化和过度金融化，并被证实不利于应对全球化冲击和危机复苏。同时伴随新兴大国在产业链上的攀升和不断增加的竞争压力，英美日等发达国家已经深刻认识到空心化问题，纷纷回归传统制造业，并高度重视高端产业投入，从而保持和增加就业、引领和控制全球产业链。美国在此方面的需求最为急迫，现阶段保持在尖端技术领域的优势地位成为美国产业政策的核心，以便其重新对全球产业链实现垂直掌控。近年部分国家或地区出台的制造业相关政策如表7-3所示。

表7-3 近年部分国家或地区出台的制造业相关政策

序号	时间	国家或地区	政策	主要内容
1	2018-10	美国	《美国先进制造业领导力战略》	首次公开特朗普政府确保未来美国占据先进制造业领导地位的战略规划，旨在通过制定发展规划扩大制造业就业、扶持制造业发展、确保强大的国防工业基础和可控的弹性供应链，实现跨越领域先进制造业的全球领导力，保障美国国家安全和经济繁荣
2	2019-02	美国	《美国主导未来产业（2019）》	将人工智能、先进制造业、量子信息科学和第五代移动通信视为决定美国高端产业未来命运的四大领域

B.7 全球产业战略变化新趋势对我国工业发展的影响

续表

序号	时间	国家或地区	政策	主要内容
3	2020-02	美国	《量子网络战略愿景》	旨在通过增加政府投资、提升政府协调能力来加快量子信息科学的研发
4	2018-06	日本	《日本制造业白皮书》	分析和解决日本制造业面临的持续低收益率问题，指出要将发展互联工业作为日本制造业发展的战略目标
5	2018-06	日本	《综合创新战略》	旨在解决日本科学技术创新能力相对较低的问题
6	2018-06	欧盟	《地平线欧洲》	提出欧盟在研究与创新领域2021—2027年的发展目标和行动路线，预算为1000亿欧元，占整个欧盟政府研究经费的10%左右
7	2020-03	欧盟	新《欧洲工业战略》	帮助欧洲工业在气候中立和数字化的双重转型中发挥领导作用。行动包括：制定知识产权行动计划，维护技术所有权；实现高耗能行业的现代化和脱碳；加强欧洲的工业和战略自主权，确保关键原材料供应；成立清洁氢能联盟，以加速工业脱碳和保持工业领先地位等
8	2018-09	德国	《高技术战略2025》	明确德国未来7年研究和创新政策的任务、目标和重点领域，并计划投入150亿欧元
9	2019-11	德国	《国家工业战略2030》	大力支持突破性创新活动，牢牢掌握工业主权和技术主导力，增强德国工业整体竞争力
10	2020上半年	欧盟	《欧盟绿色振兴计划》	重建经济同时应对气候危机，计划创造100万个绿色就业机会
11	2020-03	欧盟	《新冠肺炎病毒对策投资倡议》	针对医疗体系、中小企业、劳动市场及其他经济脆弱领域进行投资
12	2020-03	美国	《2万亿美元经济刺激法案》	加强失业保障、企业贷款补助及向医院、州政府和市政府提供更多医疗资源等
13	2020-05	法国	《汽车产业振兴计划》	投资80亿欧元帮助汽车产业度过新冠肺炎疫情危机，同时推动汽车产业电动化转型

二、全球产业战略新趋势

国际治理规则将发生重大变化。随着逆全球化浪潮兴起和单边主义抬头，多边主义全球治理规则正在受到挑战，未来全球经济将大概率出现自给化、单边化、区域化。以美国为首的西方国家有很大可能将制定国际新规则，以美加墨为核心，扩展至美日、美欧，在区域内实现自由贸易，实现产业链自给和供应链去全球化。

政府干预、产业政策愈加受到重视。追求效率的自由主义以及精细化的国际分工体系发展到一定阶段，发达国家经济不可避免地出现产业空心化等弊端。为推动制造业回流、产业链重构及重塑国家竞争力，发达国家亟须在市场自由主义与政府干预主义中取得新的平衡，更好发挥"看得见的手"对产业的引导作用和对经济的调节作用。与此同时，发展中国家在本轮经济全球化中的后发优势和比较优势逐渐消失，面对在国际分工体系中长期处于价值链低端的困境，亟须制定出台相关产业政策，推动经济结构转型升级。因此，此轮产业发展战略的兴起，将获得发达国家和发展中国家的广泛参与。

以技术创新为导向，以产业生态竞争为焦点。国家之间的竞争，集中体现为创新实力和产业水平的竞争。当前，以数字化、网络化、智能化为核心特征的新一轮科技革命蓬勃兴起，新技术、新模式、新应用层出不穷，各国对新一轮技术创新领头羊地位的争夺日益激烈；而随着全球价值链分工体系出现重大调整，产业间的竞争也从产品竞争、企业竞争，转变为产业生态竞争。未来，各国将更加重视科技创新和技术积累，加大科研投入和支持力度，加强对前沿战略领域的研发与部署，加紧构建完善产业生态，抢抓新兴产业发展主导权。

更加强调产业安全、国家安全。蔓延全球的新冠肺炎疫情，为脆弱的全球产业链供应链敲响了警钟，促使部分国家将关键产业供应链本土化。未来产业政策的制定将更多考虑产业安全、国家安全，对涉及社会公共安全的物资生产，或对国家安全至关重要的产业如食品、生物医药、医疗器械、重大装备等，将慎之又慎，尽量将产业链供应链本土化，加强产业配套，提升关键产业抗风险能力。

三、全球产业战略新趋势对我国"十四五"时期工业行业发展的影响

工业制造业发展需要更加明确工业基础技术自主创新的发展路径。发达国家加强对高端产业的保护，牢牢占据供应链枢纽和价值链高端环节，攫取高额利润的同时得以从源头钳制别国产业。以集成电路产业为例，我国集成电路的总体设计、制造、检测及相关设备、原材料生产，均与国际先进水平存在较大差距，高端芯片对美国依赖度较高。美国对我国开展的一系列技术封锁，打乱了正常的国际分工体系，一定程度上制约了我国集成电路产业的发展。面对美国制裁，华为加大研发力度，以实现产业链国产化或以多元化供应商代替。中美贸易摩擦前，华为公布的2018年92家核心供应商中，美国供应商数量多达33家；而在华为P40手机中，中国提供了210个组件，成本占比已达60.7%，来自美国的元器件仅2个，成本占比几乎可以忽略不计。制造业产业链关键环节的自主创新至关重要。

我国工业制造业在国内外双循环中不断完善产业链，应对工业行业产业链外迁的风险。美国、日本等国加速推动"制造业回流""去中国化"，虽然部分企业基于劳动力成本上升、企业全球布局乃至政治因素等考虑，将企业搬离中国，但中国作为全球生产线最为完善的国家，产业配套体系完备，消费市场正在升级，依然是全球最具吸引力的投资目的地之一。以日本为例，据日本经济产业省消息，虽然日本政府提供了合计700亿日元（约合6.5亿美元）的补贴，但目前只有87家（占对中投资日企的0.6%）日本企业愿意撤离中国市场，且多为从事低端商品制造的中小企业；从事金融、汽车制造、商贸往来的日本企业并不愿意离开中国，丰田公司还加大了对中国的投资力度，与比亚迪各出资50%成立纯电动车研发公司，专

门研发针对中国消费者的电动车。

工业行业未来在新兴领域竞争持续加剧，产业数字化转型需求迫切。数字经济作为引领新一轮经济周期的新引擎，不仅推动经济发展和社会进步，还将对全球价值链和产业分工体系产生深远影响，受到了世界各国广泛关注。我国数字经济发展基本与国际同步，在此次新冠肺炎疫情中，数字技术不仅保障了人们日常生活工作和社会正常运行，也有效刺激了消费、对冲了经济下行压力。就具体产业而言，数字化水平较低的传统产业受到了较大冲击，如制造业上半年增加值同比下降 1.4%；数字化水平高的产业则表现出较强的抗风险能力，部分产业甚至实现逆势增长，如互联网和相关服务企业上半年收入同比增长 14.1%，充分体现了数字技术在支撑产业稳定发展和经济高速增长方面的重要作用，进一步要求数字技术加快赋能传统产业，倒逼我国制造业加速数字化智能化转型。

四、应对建议

在新形势下，我国"十四五"时期工业行业推动高质量发展，迈向制造业强国，加快布局谋划，加强核心技术攻关，推进产业链全面升级，推动产业创新在国内外双循环中取得共赢发展。

一是突破产业发展瓶颈短板，紧抓工业化和信息化融合发展路径。今后及未来较长一段时期产业发展战略应聚焦于未来必争的战略产业、国际竞争力弱的领域、产业发展的薄弱环节和创新中某些关键环节等领域。加快布局谋划，牢牢把握数字经济等领域先发优势，抓紧研究制定相关产业、技术标准，提升国际话语权。加强技术攻关，花大力气解决基础软件、高端芯片、核心元器件等关键核心技术问题，实现关键零部件、原材料，乃至核心工业软件的自主可控，降低产业链对外依赖，推动价值链向高端跃升。

二是产业创新在国内外双循环体系中实现共赢。加快构建产业集聚、产业配套、产业链、供应链、价值链、创新链、要素链等现代产业生态体系，坚持开放创新合作发展，推进产业链各环节开放式创新发展。继续放宽对外资股权比例和参与领域的限制，对内外资一视同仁，加强知识产权保护。

三是进一步推动市场机制的完善。产业发展战略及政策要推动形成全国统一开放、竞争有序的市场体系，最大程度地消除市场的信息不对称。促进生产要素在部门间、地区间自由流动，提升经济运行效率。

参考资料

1. 许正中.全球产业链深刻变化的中国战略.学习时报，2019-10-18。
2. 刘志彪.中国应对全球产业链内向化的政策建议.经济参考报，2020-05-12。

Ⅳ 附 录
Appendices

B.8
2020年新兴产业指数

一、战略性新兴产业 EPMI

2015年3月1日，中国科学技术发展战略研究院和中采咨询联合发布中国战略性新兴产业采购经理指数（Emerging Industries PMI，EPMI），指数涉及节能环保、新一代信息技术、生物产业、高端装备制造、新能源、新材料、新能源汽车产业七大产业近300家企业，用于反映相关的经营动态和经济结构调整，其分项指标可以呈现新兴生产力的发展状况。

2020年12月新兴产业采购经理指数为55.6%，比2020年9月回落1.8个百分点。从13个分项指标来看，同2020年9月相比，正向指标中小幅回升的有现有订货、自有库存、就业；小幅回落的有生产量、产品订货、采购量、研发活动；大幅回落的有出口订货、进口、经营预期。反向指标供应商配送较上月上升。

战略性新兴产业EPMI回落1.8个百分点至55.6%，依然高于四年平均值，增长势头不变，但有扩张趋缓的迹象。主要正向指标中，新订单、生产量双双回落，分别为55.8%和58.5%，回落主要因为前期基数较高，其次是淡季因素。自有库存回升3个百分点创年内高点，与产量下行意义一致；用户库存小幅回升，仍处均值以下；综合看库存，后期产量将承压。就业指数小幅回升0.1个百分点至54.2%，较近年平均值高出4.9个百分点，需求稳定后就业复苏。新产品投产与研发投入小幅回落，但仍在57%以上并双双高于近年平均值，企业研发回归正常。进出口指数双双回落至50%以下，前期出口回流热度下降，且对比传统制造，新兴产业外需依赖较弱。贷款难度指数回落0.5个百分点至50.9%，较近年均值低4.9个百分点，表现了政府举措的积极影响。价格数据反映了周期高点前的特征，两价格类似2016年11—12月的位置，价格上行已经进入周期中段，达到高点后将由刺激生产转为抑制生产。购进价格延续回升趋势至68%，为近38个月数据新高，距离2017年的76%的高点尚有空间。销售价格小幅回升至50.1%，其上一周期高阈值为2017年10月的56.4%。

　　分行业来看，除焦点的三个产业——新一代信息技术、生物、新能源汽车之外，其他产业不仅持续回调，而且幅度更加明显。新兴产业七大产业中有五个产业PMI指标高于50，有两个产业指标低于50。PMI绝对值最高的是新能源汽车产业，2020年12月为65.1%。2020年前11个月，中国市场新能源汽车销售110.9万辆，同比增长3.9%。2020年11月，新能源汽车产销分别完成19.8万辆和20万辆，单月产销第5次刷新了当月历史记录。根据工业和信息化部信息，2020年新能源汽车下乡销售接近20万辆，这说明大众对新能源汽车的接受度大为提高。从2020年12月新能源汽车各项指标看，表现仍比较亮眼，生产量、产品订货、现有订货等指标分别高达70.5%、67.5%和66.7%。年底是促销放量的时期，经营预期仍然高达61.3%。随着我国"2030年前实现碳达峰，2060年前实现碳中和"的目标的提出，伴随着美国领导人更替后潜在的政策变化，多个国家和地区也陆续制定能源发展战略。例如，欧盟通过了更激进的碳减排目标，从减排55%提升到减排60%（相较1990年基准），日本公布了2050年实现碳中和的目标。绿色技术、绿色部门未来发展预期进一步向好，海内外资本市场对此已经有强烈的反应，特斯拉等相关新能源领域企业的股票持续攀升。特斯拉在中国市场开始挤压中国国产厂商，国产 Model 3 经历了 5 次降价，价格已经下降至 25 万元以下。这将倒逼中国厂商加快技术研发，提升产品的质量与性能。我国主要新能源行业在市场方面处于全球领先地位，光伏行业在产能、市场、发电量等方面均位居全球首位，预计"十四五"期间新能源产业及节能环保产业会表现出超预期的成长性。

具体观察各项指标，PMI 指标为 55.6%，比 2020 年 11 月回落 1.8 个百分点；生产量指标为 58.5%，比 2020 年 11 月回落 4.3 个百分点；产品订货指标为 55.8%，比 2020 年 11 月回落 4.6 个百分点；进口指标为 46.3%，比 2020 年 11 月回落 6 个百分点；自有库存指标为 53.5%，比 2020 年 11 月回升 3 个百分点；就业指标为 54.3%，比 2020 年 11 月回升 0.1 个百分点。2020 年 11 月和 12 月 EPMI 分项指数如表 8-1 所示。

表 8-1　2020 年 11 月和 12 月 EPMI 分项指数

名称	12 月数值	11 月数值	环比值
全国 PMI	55.6	57.4	-1.8
全国生产量	58.5	62.8	-4.3
全国产品订货	55.8	60.4	-4.6
全国出口订货	45	52.5	-7.5
全国现有订货	52.3	51.8	0.5
全国采购量	59.4	61	-1.6
全国进口	46.3	52.3	-6
全国购进价格	68	61.5	6.5
全国自有库存	53.5	50.5	3
全国就业	54.3	54.2	0.1
全国研发活动	58.9	59.8	-0.9
全国经营预期	54.1	60.7	-6.6
全国用户库存	46.1	45.1	1
全国配送	46.4	48.8	-2.4

资料来源：中国科学技术发展战略研究院。

二、中证人工智能主题指数

2015年7月31日，中证指数有限公司发布中证人工智能主题指数，其参照人工智能提供基础资源、技术及应用支持的公司中的代表性公司选取样本股，以2012年6月29日为基日，以1000点为基点，用于反映人工智能主题公司的整体表现。截至2021年1月11日，最新收盘数为3608.32，涨幅达到1.48%，成交金额563.59亿元，近一年收益8.35%；分行业来看，信息技术行业权重最大，占87.71%，工业次之，占4.76%，医药卫生占比最少，占0.36%。中证人工智能主题指数近一年历史走势如图8-1所示，中证人工智能主题十大权重股（截至2021年1月11日）如表8-2所示。

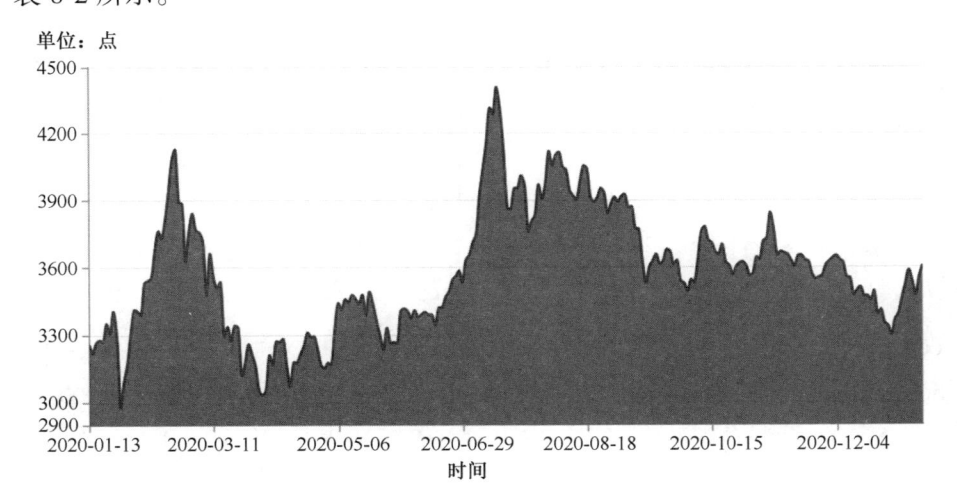

图8-1 中证人工智能主题指数近一年历史走势

资料来源：中证指数有限公司。

表8-2 中证人工智能主题十大权重股（截至2021年1月11日）

代码	简称	行业	权重/%
002415	海康威视	信息技术	6.51
002230	科大讯飞	信息技术	5.51

续表

代码	简称	行业	权重/%
002241	歌尔股份	信息技术	5.38
600588	用友网络	信息技术	4.72
300454	深信服	信息技术	4.61
002236	大华股份	信息技术	3.30
688008	澜起科技	信息技术	3.28
601360	三六零	信息技术	3.04
603019	中科曙光	信息技术	2.89
603160	汇顶科技	信息技术	2.86

资料来源：中证指数有限公司。

三、中证机器人指数

2015年2月10日，中证指数有限公司发布了中证机器人指数，以2010年12月31日为基日，以1000点为基点，参考样本股为系统方案商、数字化车间与生产线系统集成商、自动化设备制造商、自动化零部件商及其他相关公司中的代表性企业，用于反映机器人产业相关股票的走势，并为投资者提供新的投资标的。

截至2021年1月11日，收盘数为1715.16，下降2.08，成交金额168.59亿元，近一年收益率为43.57%。分行业来看，工业权重最大，占66.55%；信息技术行业次之，占24.84%；可选消费行业占7.96%；电信业务占比最少，占0.65%。中证机器人指数近一年历史走势如图8-2所示，中证机器人十大权重股（截至2021年1月11日）如表8-3所示。

表8-3 中证机器人十大权重股（截至2021年1月11日）

代码	简称	行业	权重/%
300450	先导智能	工业	11.98
600406	国电南瑞	工业	11.27
300124	汇川技术	工业	10.76
002236	大华股份	信息技术	9.38

续表

代码	简称	行业	权重/%
002008	大族激光	信息技术	8.90
600699	均胜电子	可选消费	4.80
300024	机器人	工业	3.46
002747	埃斯顿	工业	2.86
002851	麦格米特	工业	2.73
300457	赢合科技	工业	2.65

资料来源：中证指数有限公司。

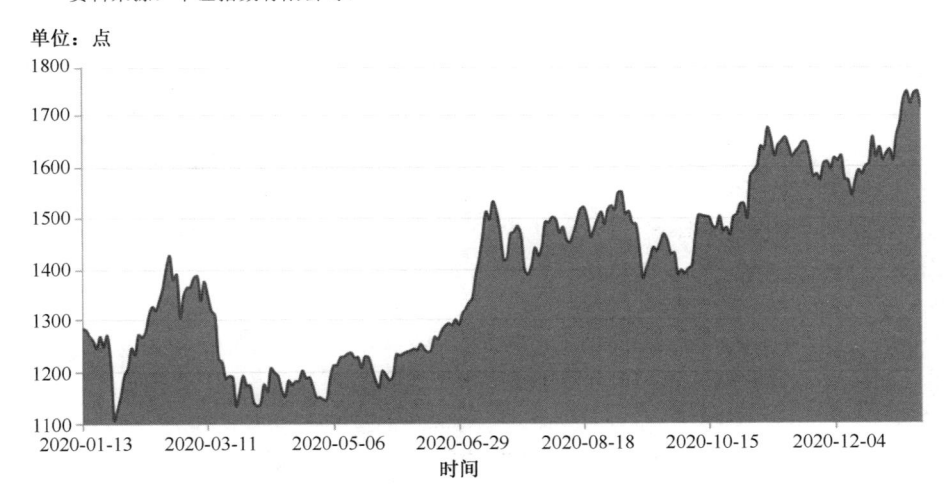

图 8-2　中证机器人指数近一年历史走势

资料来源：中证指数有限公司。

四、中证新能源汽车产业指数

2014 年 11 月 28 日，中证指数有限公司正式发布中证新能源汽车产业指数，该指数以 2014 年 12 月 31 日为基日，以 1000 点为基点，选取业务涉及新能源汽车产业的沪深 A 股上市公司作为样本，用于反映新能源汽车产业的整体表现。

2021 年 1 月 11 日，该指数收盘于 4269.37，下降 3.78%，成交金额

737.87亿元，近一年收益率94.59%。分行业来看，工业比重最大，占60.62%；原材料行业次之，占21.3%；可选消费行业占14.99%；信息技术占比最少，仅占3.09%。中证新能源汽车产业指数近一年历史走势如图8-3所示，中证新能源汽车产业十大权重股（截至2021年1月11日）如表8-4所示。

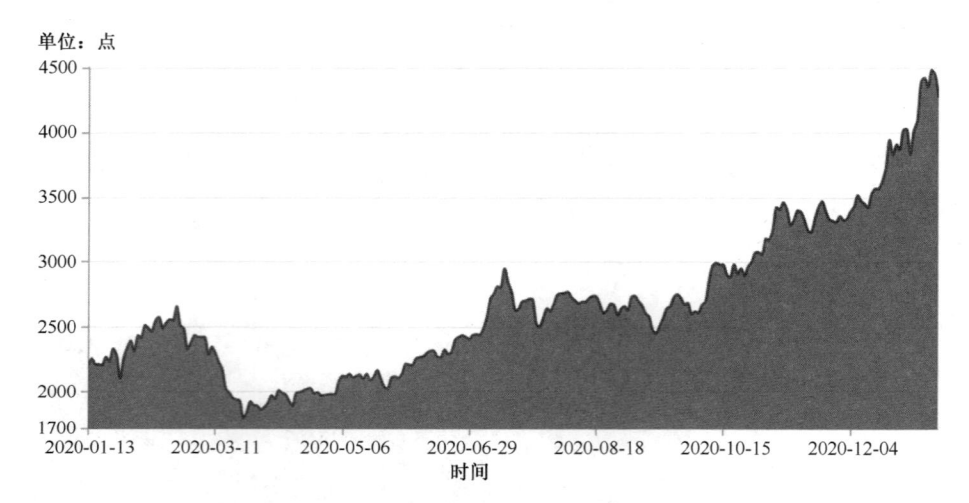

图8-3 中证新能源汽车产业指数近一年历史走势

资料来源：中证指数有限公司。

表8-4 中证新能源汽车产业十大权重股（截至2021年1月11日）

代码	简称	行业	权重/%
002460	赣锋锂业	原材料	6.31
300750	宁德时代	工业	5.95
300014	亿纬锂能	工业	5.85
002074	国轩高科	工业	5.44
002594	比亚迪	可选消费	5.34
002812	恩捷股份	原材料	5.09
300450	先导智能	工业	5.05
002340	格林美	工业	4.70
002709	天赐材料	原材料	4.66
300124	汇川技术	工业	4.49

资料来源：中证指数有限公司。

五、中证物联网主题指数

2015年7月31日，中证指数有限公司正式发布中证物联网主题指数，该指数以2012年6月29日为基日，以1000点为基点，以中证全指为样本空间，选取涉及基础硬件、软件、网络服务，内容及运维服务等业务的上市公司股票作为成份股，用于反映物联网类相关上市公司整体表现，为市场提供多样化的投资标的。

截至2021年1月11日，收盘数为3532.47点，涨幅为0.68%，成交金额为664.30亿元，近一年收益率为32.37%。分行业来看，信息技术行业占比最大，占64.12%；电信业务占13.43%；原材料占比最少，仅占0.44%。中证物联网主题指数近一年历史走势如图8-4所示，中证物联网主题十大权重股（截至2021年1月11日）如表8-5所示。

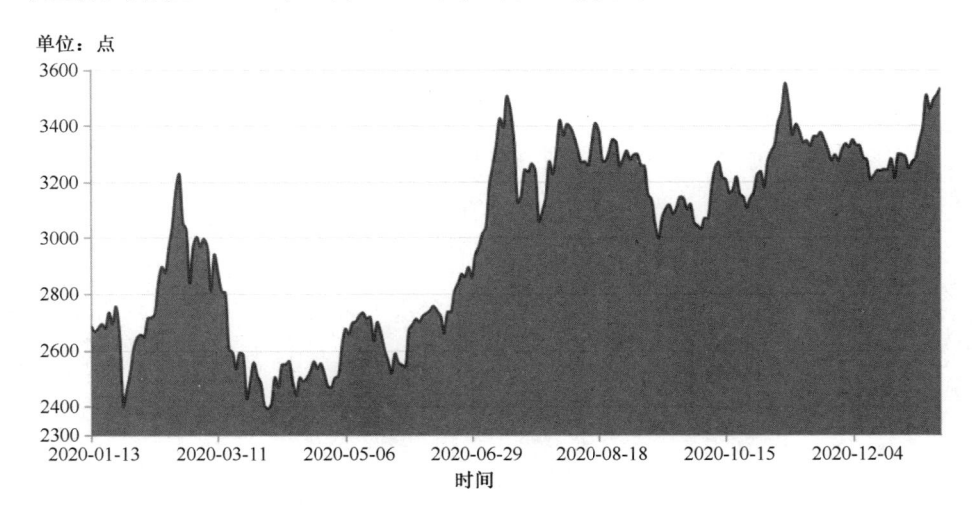

图 8-4 中证物联网主题指数近一年历史走势

资料来源：中证指数有限公司。

表 8-5 中证物联网主题十大权重股（截至 2021 年 1 月 11 日）

代码	简称	行业	自由流通市值
002475	立讯精密	信息技术	10.84
300124	汇川技术	工业	7.27
000063	中兴通讯	电信业务	6.98
002241	歌尔股份	信息技术	6.95
002415	海康威视	信息技术	6.17
600690	海尔智家	可选消费	5.67
000333	美的集团	可选消费	5.38
002230	科大讯飞	信息技术	5.23
002049	紫光国微	信息技术	4.51
603986	兆易创新	信息技术	4.47

资料来源：中证指数有限公司。

B.9
2020年新兴产业TOP企业

一、软件和信息技术服务业百强企业

2020年中国软件和信息技术服务业百强企业名单如表9-1所示。

表9-1 2020年中国软件和信息技术服务业百强企业名单

排名	企业名称
1	华为技术有限公司
2	深圳市腾讯计算机系统有限公司
3	阿里巴巴（中国）有限公司
4	北京百度网讯科技有限公司
5	中国通信服务股份有限公司
6	海尔集团公司
7	京东集团
8	中兴通讯股份有限公司
9	浪潮集团有限公司
10	海信集团有限公司
11	杭州海康威视数字技术股份有限公司
12	网易（杭州）网络有限公司
13	北京中软国际信息技术有限公司
14	北京小米移动软件有限公司
15	国网信息通信产业集团有限公司
16	航天信息股份有限公司
17	南瑞集团有限公司

续表

排名	企业名称
18	中国信息通信科技集团有限公司
19	软通动力信息技术（集团）股份有限公司
20	东软集团股份有限公司
21	联通系统集成有限公司
22	宁波均胜电子股份有限公司
23	东华软件股份公司
24	同方股份有限公司
25	亚信科技（中国）有限公司
26	烽火通信科技股份有限公司
27	中国民航信息网络股份有限公司
28	新华三技术有限公司
29	浙江大华技术股份有限公司
30	广州酷狗计算机科技有限公司
31	深圳市大疆创新科技有限公司
32	用友网络科技股份有限公司
33	平安科技（深圳）有限公司
34	文思海辉技术有限公司
35	深圳市思贝克集团有限公司
36	成都积微物联集团股份有限公司
37	中国软件与技术服务股份有限公司
38	福建网龙计算机网络信息技术有限公司
39	新大陆科技集团有限公司
40	太极计算机股份有限公司
41	中科软科技股份有限公司
42	神州数码信息服务股份有限公司
43	马上消费金融股份有限公司
44	北京车之家信息技术有限公司
45	佳都集团有限公司
46	北京全路通信信号研究设计院集团有限公司
47	和利时科技集团有限公司

续表

排名	企业名称
48	深信服科技股份有限公司
49	广州广电运通金融电子股份有限公司
50	深圳天源迪科信息技术股份有限公司
51	中控科技集团有限公司
52	四川九洲电器集团有限责任公司
53	北明软件有限公司
54	北京华宇软件股份有限公司
55	湖南快乐阳光互动娱乐传媒有限公司
56	完美世界股份有限公司
57	恒生电子股份有限公司
58	国电南京自动化股份有限公司
59	北京金山云网络技术有限公司
60	北京易华录信息技术股份有限公司
61	北京搜狗科技发展有限公司
62	北京昆仑万维科技股份有限公司
63	博彦科技股份有限公司
64	卡斯柯信号有限公司
65	广联达科技股份有限公司
66	北京猎豹移动科技有限公司
67	金蝶软件（中国）有限公司
68	云南南天电子信息产业股份有限公司
69	石化盈科信息技术有限责任公司
70	瓜子汽车服务（天津）有限公司
71	启明星辰信息技术集团股份有限公司
72	北京久其软件股份有限公司
73	广州海格通信集团股份有限公司
74	江苏润和科技投资集团有限公司
75	讯飞智元信息科技有限公司
76	浙大网新科技股份有限公司
77	中车青岛四方车辆研究所有限公司

续表

排名	企业名称
78	安克创新科技股份有限公司
79	信雅达系统工程股份有限公司
80	大连华信计算机技术股份有限公司
81	北京天融信科技有限公司
82	北京旋极信息技术股份有限公司
83	北京四维图新科技股份有限公司
84	华云数据控股集团有限公司
85	朗新科技集团股份有限公司
86	山东中创软件工程股份有限公司
87	中移系统集成有限公司
88	厦门信息集团有限公司
89	厦门吉比特网络技术股份有限公司
90	福州达华智能科技股份有限公司
91	北京智明星通科技有限公司
92	银江股份有限公司
93	浙江宇视科技有限公司
94	北京四方继保自动化股份有限公司
95	深圳中琛源科技股份有限公司
96	领航动力信息系统有限公司
97	厦门亿联网络技术股份有限公司
98	武汉天喻信息产业股份有限公司
99	京北方信息技术股份有限公司
100	武汉佰钧成技术有限责任公司

资料来源：中国电子信息行业联合会、浙江省经济和信息化厅等机构发布的《2020 年度软件和信息技术服务企业竞争力报告》。

二、电子信息百强企业

2020 年中国电子信息百强企业名单如表 9-2 所示。

表 9-2 2020 年中国电子信息百强企业名单

排名	企业名称
1	华为技术有限公司
2	联想集团
3	海尔集团公司
4	小米集团
5	TCL 科技集团股份有限公司
6	四川长虹电子控股集团有限公司
7	比亚迪股份有限公司
8	海信集团有限公司
9	京东方科技集团股份有限公司
10	天能电池集团有限公司
11	中国普天信息产业集团有限公司
12	浪潮集团有限公司
13	中兴通讯股份有限公司
14	超威电源集团有限公司
15	亨通集团有限公司
16	紫光集团有限公司
17	杭州海康威视数字技术股份有限公司
18	宁波均胜电子股份有限公司
19	中天科技集团有限公司
20	中国信息通信科技集团有限公司
21	欧菲光集团股份有限公司
22	康佳集团股份有限公司
23	河南森源集团有限公司
24	通鼎集团有限公司
25	中芯国际集成电路制造有限公司
26	舜宇集团有限公司
27	南瑞集团有限公司
28	福建省电子信息（集团）有限责任公司
29	富通集团有限公司
30	歌尔股份有限公司
31	航天信息股份有限公司

续表

排名	企业名称
32	浙江大华技术股份有限公司
33	上海仪电（集团）有限公司
34	华勤通讯技术有限公司
35	创维集团有限公司
36	浙江晶科能源有限公司
37	天马微电子股份有限公司
38	永鼎集团有限公司
39	联合汽车电子有限公司
40	欣旺达电子股份有限公司
41	深圳华强集团有限公司
42	四川九洲电器集团有限责任公司
43	广东德赛集团有限公司
44	同方股份有限公司
45	新华三技术有限公司
46	浙江富春江通信集团有限公司
47	闻泰通讯股份有限公司
48	苏州东山精密制造股份有限公司
49	江苏长电科技股份有限公司
50	晶澳太阳能科技股份有限公司
51	万马联合控股集团有限公司
52	合力泰科技股份有限公司
53	上海诺基亚贝尔股份有限公司
54	许继集团有限公司
55	深圳市大疆创新科技有限公司
56	株洲中车时代电气股份有限公司
57	广州视源电子科技股份有限公司
58	广州无线电集团有限公司
59	天津中环半导体股份有限公司
60	陕西电子信息集团有限公司
61	湖北凯乐科技股份有限公司
62	上海星地通通信科技有限公司

续表

排名	企业名称
63	立讯电子科技（昆山）有限公司
64	上海华虹（集团）有限公司
65	浙江晶科能源有限公司
66	广东生益科技股份有限公司
67	深圳市兆驰股份有限公司
68	阳光电源股份有限公司
69	深圳长城开发科技股份有限公司
70	昆山联滔电子有限公司
71	惠科股份有限公司
72	深圳市泰衡诺科技有限公司
73	铜陵精达特种电磁线股份有限公司
74	东方日升新能源股份有限公司
75	普联技术有限公司
76	宁波方太厨具有限公司
77	通光集团有限公司
78	公牛集团股份有限公司
79	深南电路股份有限公司
80	北京智芯微电子科技有限公司
81	华域视觉科技（上海）有限公司
82	安徽天康（集团）股份有限公司
83	深圳传音制造有限公司
84	深圳市三诺投资控股有限公司
85	上海龙旗科技股份有限公司
86	风帆有限责任公司
87	中航光电科技股份有限公司
88	天水华天电子集团股份有限公司
89	曙光信息产业股份有限公司
90	深圳市思贝克集团有限公司
91	中国四联仪器仪表集团有限公司
92	利亚德光电股份有限公司
93	中电太极（集团）有限公司

续表

排名	企业名称
94	骆驼集团股份有限公司
95	浙江南都电源动力股份有限公司
96	深圳市长盈精密技术股份有限公司
97	深圳市共进电子股份有限公司
98	中国华录集团有限公司
99	中国乐凯集团有限公司
100	长飞光纤光缆股份有限公司

资料来源：2020 年 9 月 11 日中国电子信息行业联合会发布的《2020 年度电子信息企业竞争力报告》。

三、2020 年国家技术创新示范企业名单

2020 年国家技术创新示范企业名单如表 9-3 所示。

表 9-3 2020 年国家技术创新示范企业名单

序号	所在地区或所属企业	企业名称
1	北京市	北京千方科技股份有限公司
2		北京万泰生物药业股份有限公司
3		交控科技股份有限公司
4	天津市	中冶天工集团有限公司
5	河北省	唐山钢铁集团有限责任公司
6		石家庄科林电气股份有限公司
7	山西省	中车永济电机有限公司
8	内蒙古自治区	呼伦贝尔东北阜丰生物科技有限公司
9	黑龙江省	黑龙江飞鹤乳业有限公司
10		哈尔滨电气动力装备有限公司
11		黑龙江澳利达奈德制药有限公司
12	上海市	澜起科技股份有限公司
13	江苏省	天合光能股份有限公司
14		江苏联发纺织股份有限公司
15		常熟开关制造有限公司（原常熟开关厂）

续表

序号	所在地区或所属企业	企业名称
16	浙江省	华峰集团有限公司
17		浙江京新药业股份有限公司
18		浙江双环传动机械股份有限公司
19	宁波市	宁波韵升股份有限公司
20	安徽省	安徽捷迅光电技术有限公司
21		天能电池集团（安徽）有限公司
22		安徽应流集团霍山铸造有限公司
23	福建省	漳州立达信光电子科技有限公司
24	山东省	山东齐都药业有限公司
25		鲁西化工集团股份有限公司
26		菱花集团有限公司
27		山东豪迈机械科技股份有限公司
28	河南省	中国船舶重工集团公司第七二五研究所
29		飞龙汽车部件股份有限公司
30		河南银金达新材料股份有限公司
31		河南驼人医疗器械集团有限公司
32	湖北省	中铁科工集团有限公司
33		武汉锐科光纤激光技术股份有限公司
34		中核武汉核电运行技术股份有限公司
35	湖南省	圣湘生物科技股份有限公司
36		华自科技股份有限公司
37		华翔翔能科技股份有限公司
38	广东省	广州视源电子科技股份有限公司
39		广州白云山和记黄埔中药有限公司
40		广东嘉元科技股份有限公司
41	深圳市	欣旺达电子股份有限公司
42	重庆市	重庆金山科技（集团）有限公司
43		隆鑫通用动力股份有限公司
44	四川省	成都凯天电子股份有限公司
45	贵州省	中国航空工业标准件制造有限责任公司
46	云南省	云南中宣液态金属科技有限公司

续表

序号	所在地区或所属企业	企业名称
47	陕西省	中航富士达科技股份有限公司
48	甘肃省	方大炭素新材料科技股份有限公司
49		兰州万里航空机电有限责任公司
50	中国航天科技集团有限公司	合肥乐凯科技产业有限公司
51	中国船舶集团有限公司	昆明船舶设备集团有限公司
52	中国兵器工业集团有限公司	安捷利（番禺）电子实业有限公司
53	中国兵器装备集团有限公司	湖北华强科技股份有限公司
54	中国电子信息产业集团有限公司	湖南长城信息金融设备有限责任公司
55	鞍钢集团有限公司	攀钢集团有限公司
56	中国中化集团有限公司	安徽圣奥化学科技有限公司
57	中国五矿集团有限公司	长沙矿冶研究院有限责任公司
58	机械科学研究总院集团有限公司	机科发展科技股份有限公司
59	中国中钢集团有限公司	中钢天源股份有限公司
60	中国化工集团有限公司	中昊晨光化工研究院有限公司
61	中国化学工程集团有限公司	中国天辰工程有限公司
62	中国建材集团有限公司	合肥水泥研究设计院有限公司
63	中国电力建设集团有限公司	中国电建集团上海能源装备有限公司

资料来源：2020年12月3日工业和信息化部《关于公布2020年国家技术创新示范企业名单的通知》文件。

四、2020年度国家小型微型企业创业创新示范基地名单

2020年度国家小型微型企业创业创新示范基地公示名单如表9-4所示。

表9-4　2020年度国家小型微型企业创业创新示范基地公示名单

序号	推荐单位	机构名称	基地名称
1	北京市经济和信息化局	北京赛欧科园科技孵化中心有限公司	赛欧小微企业基地
2		北京北控宏创科技有限公司	北控宏创科技园
3		锋创科技发展（北京）有限公司	锋创科技园
4		中关村意谷（北京）科技服务有限公司	中关村e谷

B.9　2020年新兴产业TOP企业

续表

序号	推荐单位	机构名称	基地名称
5	天津市工业和信息化局	天津恒生科技园投资发展有限公司	天津市恒生科技园小企业创业基地
6		天津国际生物医药联合研究院有限公司	天津国际生物医药联合研究院小微企业创业创新基地
7		天津青年创业园管理有限公司	天津青年创业园
8		天津凌奥创意产业园集团有限公司	天津凌奥集团文化产业小企业创业基地
9	河北省工业和信息化厅	张家口博创智造孵化器有限公司	张家口博创智造创业创新孵化基地
10		保定中关村信息谷科技服务有限责任公司	保定·中关村创新中心
11		沧州高新农发投资有限公司	沧州科技型小微企业创业辅导园
12		唐山市经纬时代网络科技有限公司	唐山市互联网+双创中心
13	山西省小企业发展促进局	阳泉市高新技术创业服务中心	阳泉市高新技术创业服务中心
14		灵石县天星地产开发有限公司	山西天星中小企业创业基地
15		运城星河创新创业基地开发有限公司	运城星河创新创业基地
16	内蒙古自治区工业和信息化厅	内蒙古通研电子商务有限责任公司	金桥电子商务产业园
17		赤峰恒亿投资开发有限公司	赤峰红山经济开发区中小企业创业基地
18		乌兰察布市鑫刚置业有限公司	集宁皮革产业创业基地
19		鄂尔多斯启迪创业服务中心	鄂尔多斯启迪小微企业创业基地
20	辽宁省工业和信息化厅	沈阳国际软件园有限公司	沈阳国际软件园小微企业创业创新基地
21		沈阳市大东区科技企业孵化器有限公司	沈阳市大东区科技企业孵化中心
22		锦州滨海电子商务产业基地股份有限公司	锦州滨海电子商务创业创新基地
23	大连市工业和信息化局	芝倪信息技术（大连）有限公司	大连知你小企业创业基地
24		大连创业工坊科技服务有限公司	大连创业工坊小企业创业基地
25	吉林省工业和信息化厅	长春北湖科技园发展有限责任公司	长春北湖科技园创业孵化基地
26		通化高新创业投资有限公司	通化市中小企业创业孵化基地
27		吉林省参威人参产品科技股份有限公司	通化县人参产业创业孵化基地
28		长春硅谷新城企业运营管理有限公司	长春市益田硅谷新城创业孵化基地

续表

序号	推荐单位	机构名称	基地名称
29	黑龙江省工业和信息化厅	哈尔滨智能电力光学设备有限公司	黑龙江省电子商务中小企业总部基地
30		黑龙江省信联企业管理服务有限公司	黑龙江省信联中小企业创业孵化基地
31		佳木斯万联电子商务有限责任公司	佳木斯电子商务产业园
32		绥化市长安物流有限公司	绥化市长安物流小型微型企业创业创新基地
33	上海市经济和信息化委员会	上海浦东软件园创业投资管理有限公司	上海浦软创业园
34		上海杨浦科技创业中心有限公司	上海杨浦科技创业中心
35		上海交科众创空间管理有限公司	上海交科众创园区
36	江苏省工业和信息化厅	江苏仙林生命科技创新园发展有限公司	江苏生命科技创新园
37		常州三晶世界科技产业发展有限公司	常州三晶科技园
38		昆山莘莘科技发展有限公司	江苏昆山留学人员创业园
39		泰兴市智光人才科技广场管理有限公司	泰兴人才科技广场
40	浙江省经济和信息化厅	湖州星矢企业管理有限公司	吴兴科技创业园
41		杭州金绣花边有限公司	金绣国际科技中心
42		乐清经济开发区投资发展有限公司	乐清智能电气小微园
43	宁波市经济和信息化局	宁波青创信息科技有限公司	宁波·镇海329创业创新基地
44		宁波中正控股有限公司	汇鼎小微产业园
45	安徽省经济和信息化厅	合肥荣事达电子电器集团有限公司	荣事达智能家居全价值链双创中心
46		马鞍山慈湖高新区创业服务管理有限公司	马鞍山慈湖国家高新区科技企业孵化器
47		安徽平天湖投资控股集团有限公司	池州开发区小微企业创业基地
48		安徽省春谷3D打印智能装备产业技术研究院有限公司	春谷3D打印智能装备产业小微企业创新创业基地
49	福建省工业和信息化厅	福州怡山文化创意有限公司	福大怡山文化创意园
50		福建省泉州市兴世纪旅游文化有限公司	领SHOW天地文化创意产业园
51		福建味家生活用品制造有限公司	橙客空间
52	厦门市工业和信息化局	厦门软件产业投资发展有限公司	厦门软件园（一期）软件产业孵化基地
53		厦门海沧生物科技发展有限公司	厦门生物医药创业创新基地

续表

序号	推荐单位	机构名称	基地名称
54	江西省工业和信息化厅	景德镇市哇陶众创空间投资管理有限公司	景德镇市哇陶众创空间小型微型企业创业创新基地
55		江西师大科技园发展有限公司	江西师大科技园小型微型企业创业创新基地
56		江西省企创产业园运营管理有限公司	江西省企创产业园
57	山东省工业和信息化厅	济南迪亚实业有限责任公司	济南迪亚小型微型企业创业创新基地
58		山东方达电子商务园有限公司	方达电子商务园
59		山东文正衣品股份有限公司	莒县高层次人才创新创业园
60	青岛市民营经济发展局	青岛国际院士港运营管理有限公司	青岛国际院士港产业加速器
61		青岛巨峰科技创业投资有限公司	巨峰科创小微企业创业创新基地
62	河南省工业和信息化厅	河南尚合企业孵化器有限公司	尚合创业孵化基地
63		洛阳中科科技园有限公司	洛阳中科科技园小型微型企业创业创新基地
64		洛阳市西工信息科技城孵化器创业服务有限公司	洛阳信息科技城
65		南阳寅兴电子商务科技有限公司	内乡县电商创业科技孵化园
66	湖北省经济和信息化厅	武汉岱家山科技企业加速器有限公司	汉口岱家山瞪羚企业创业基地
67		黄石磁湖汇众创空间股份有限公司	中国黄石磁湖汇众创空间
68		湖北创途孵化器有限公司	女儿城·梦想小镇
69		荆门百盟一马投资有限公司	荆门慧谷众创产业园
70	湖南省工业和信息化厅	湖南广发隆平高科技园创业服务有限公司	湖南广发隆平创业园
71		湘潭九华创新创业服务有限公司	湘潭九华创新创业园
72		常德泽园建设开发有限公司	武陵区中小企业发展基地
73		郴州市元贞创业服务有限公司	郴州市中小企业创业基地
74	广东省工业和信息化厅	珠海清华科技园创业投资有限公司	珠海清华科技园创业基地
75		广州市乐天企业管理有限公司	乐天创意园
76		广东新媒体产业园发展股份有限公司	广东省新媒体小企业创业基地
77		东莞市天安数码城有限公司	东莞天安数码城小微企业创业基地

续表

序号	推荐单位	机构名称	基地名称
78	深圳市中小企业服务局	深圳市北大方正数码科技有限公司	北大方正科技园
79		深圳市硅谷动力产业园运营有限公司	硅谷动力电子商务港
80	广西壮族自治区工业和信息化厅	柳州高新技术创业服务中心	柳州市柳东小微企业创业创新基地
81		南宁国电电力科技有限责任公司	南宁国电科技企业孵化器
82		北海银河城市科技产业运营有限公司	北海银河城市科技产业城
83		桂林城德置业投资有限公司	城德科技孵化园
84	海南省工业和信息化厅	海南复兴城产业园投资管理有限公司	复兴城互联网创新创业园
85		海口恒正实业有限公司	江东电子商务产业园（原名：海南省创业村科技产业园）
86		海南千艺科技产业园开发有限公司	海南西部创新创业产业园
87	重庆市经济和信息化委员会	重庆市永川软件园开发管理有限公司	重庆永川软件楼宇产业园
88		重庆铝产业开发投资集团有限公司	重庆西铝精密制造楼宇产业园
89		重庆科莱姆企业孵化器有限公司	重庆文创互联网楼宇产业园
90		綦江县石角中小企业创业服务有限责任公司	重庆石角小企业创业基地
91	四川省经济和信息化厅	成都经开科技产业孵化有限公司	成都经开小企业创业基地
92		成都新创创业孵化器服务有限公司	西部智谷D区小企业创业基地
93		成都科杏投资发展有限公司	电子科大科技园
94		南充市嘉陵区创新创业服务中心	南充创业小镇
95	贵州省工业和信息化厅	贵阳高新产业投资（集团）有限公司	启林大数据小微企业创业创新基地
96		贵州佰仕佳创业孵化投资有限公司	良知山创业创新基地
97	云南省工业和信息化厅	云南成名广告文化产业园经营开发有限公司	云南成名广告文化产业创业园
98		云南光谷光机电科技孵化器管理有限公司	云南光谷光机电科技孵化基地
99		云南北理电商产业园管理有限公司	官渡电子商务产业园
100	西藏自治区经济和信息化厅	昌都仟佰度众创空间运营管理有限公司	闽昌众创空间

续表

序号	推荐单位	机构名称	基地名称
101	陕西省工业和信息化厅	西安高新技术产业开发区创业园发展中心	西安高新技术产业开发区科技企业加速器
102		杨凌示范区创新创业园发展有限公司	杨凌示范区小型微型企业创业创新基地
103		西安统筹科技发展有限公司	协同创新港
104		西安户投科工发展有限公司	西安市鄠邑区西户创业创新基地
105	甘肃省工业和信息化厅	甘肃恒佳工贸有限公司	甘肃恒佳工贸有限公司徽县小微企业创业创新孵化基地
106	青海省工业和信息化厅	青海大学科技园投资开发股份有限公司	青海大学科技园小型微型创业创新基地
107		青海众创空间创业孵化服务有限公司	城中区众创空间创业孵化基地
108	宁夏回族自治区工业和信息化厅	宁夏回族自治区高新技术创业服务中心	宁夏高新技术创业服务中心
109		石嘴山经济技术开发区实业开发总公司	石嘴山经济技术开发区中小企业创业基地
110		灵武市三园草制品专业合作社联合社	灵武市三园草制品小微企业创业基地
111		宁夏金凯信置业有限公司	固原农资城小型微型企业创业创新基地
112	新疆维吾尔自治区工业和信息化厅	新疆大学科技园有限责任公司	新疆小企业创业基地
113		新疆大学信息技术创新园有限公司	新疆小微信息技术企业创新基地
114		新疆科达建设集团有限公司	库尔勒经济技术开发区中小企业创业基地
115		克拉玛依市众创空间孵化器有限公司	独山子小微企业创业孵化基地
116	新疆生产建设兵团工业和信息化局	石河子市创享企业服务有限公司	创享中小微企业创业基地
117		石河子市创新创业科技服务有限公司	石河子高新技术产业开发区小企业创业基地

资料来源：2020年10月30日工业和信息化部发布《关于公布2020年度国家小型微型企业创业创新示范基地名单》的通告。

五、锂离子电池规范企业

符合《锂离子电池行业规范条件》企业名单（第五批）如表 9-5 所示。

表 9-5 符合《锂离子电池行业规范条件》企业名单（第五批）

序号	公司名称	所在省市
1	天津国安盟固利新材料科技有限公司（正极材料）	天津市宝坻区
2	江苏春兰清洁能源研究院有限公司（储能型电池）	江苏省泰州市
3	江苏双登富朗特新能源有限公司（储能型电池）	江苏省泰州市
4	横店集团东磁股份有限公司（消费型电池、储能型电池）	浙江省金华市
5	浙江凯恩电池有限公司（消费型电池）	浙江省丽水市
6	合肥国轩高科动力能源有限公司（储能型电池）	安徽省合肥市
7	孚能科技赣州股份有限公司（消费型电池、储能型电池）	江西省赣州市
8	青岛乾运高科新材料股份有限公司（正极材料）	山东省青岛市
9	河南力旋科技股份有限公司（储能型电池）	河南省许昌市
10	武汉力神动力电池系统科技有限公司（储能型电池）	湖北省武汉市
11	湖北亿纬动力有限公司（储能型电池）	湖北省荆门市
12	湖南杉杉新能源有限公司（正极材料）	湖南省长沙市
13	东莞新能德科技有限公司（消费型电池）	广东省东莞市
14	青海泰丰先行锂能科技有限公司（正极材料）	青海省西宁市
15	杉杉能源（宁夏）有限公司（正极材料）	宁夏回族自治区石嘴山市

资料来源：2020 年 11 月 10 日工业和信息化部定《符合〈锂离子电池行业规范条件〉企业名单（第五批）》文件。

六、智慧健康养老示范企业

第四批智慧健康养老应用试点示范名单如表 9-6 所示。

表 9-6　第四批智慧健康养老应用试点示范名单

序号	省份或归属	企业名称
1	北京市	北京诚和敬驿站养老服务有限公司
2	北京市	北京普天大健康科技发展有限公司
3	北京市	北京美鑫科技有限公司
4	天津市	天津爱德励科技有限公司
5	天津市	天津果实科技有限公司
6	河北省	河北志晟信息技术股份有限公司
7	山西省	山西凯森健康管理集团有限公司
8	内蒙古自治区	内蒙古寿康智慧养老服务有限公司
9	辽宁省	沈阳新松机器人自动化股份有限公司
10	辽宁省	沈阳海龟医疗科技有限公司
11	上海市	上海市爱护网健康管理有限责任公司
12	上海市	上海傅利叶智能科技有限公司
13	江苏省	江苏禾康信息技术有限公司
14	江苏省	南京索酷信息科技股份有限公司
15	江苏省	苏州久久春晖养老服务有限公司
16	浙江省	创业慧康科技股份有限公司
17	浙江省	湖州普康智慧养老产业科技有限公司
18	浙江省	浙江嘉科智慧养老服务有限公司
19	安徽省	合肥泛米智能科技有限公司
20	安徽省	合肥盛东信息科技有限公司
21	福建省	福建环宇通信息科技股份公司
22	江西省	新余美天科技有限公司
23	山东省	山大地纬软件股份有限公司
24	山东省	东营市美年大健康健康管理有限公司
25	河南省	郑州大象通信信息技术有限公司
26	河南省	河南优德医疗设备股份有限公司
27	河南省	郑州新益华医学科技有限公司
28	湖北省	湖北华颐爱晚养老产业发展有限公司
29	湖南省	三诺生物传感股份有限公司
30	湖南省	湖南睦邻健康养老服务有限公司
31	湖南省	娄底泓和健康养老服务有限责任公司

续表

序号	省份或归属	企业名称
32	广东省	广州市巨硅信息科技有限公司
33	广东省	广州柏颐信息科技有限公司
34	广东省	广东颐寿医疗养老有限公司
35	广西壮族自治区	太和自在城股份有限公司
36	四川省	四川联颐科技集团有限公司
37	四川省	泰康之家蜀园成都健康服务有限公司
38	贵州省	贵州省广播电视信息网络股份有限公司
39	云南省	云南珂珂物业服务有限公司
40	西藏自治区	林芝梦航文化培训有限责任公司
41	陕西省	荣华养老服务有限责任公司
42	陕西省	陕西省水务集团全乐养老服务股份有限公司
43	陕西省	西安中星测控有限公司
44	宁夏回族自治区	固原银海科技有限责任公司
45	宁波市	宁波云医院有限公司
46	青岛市	青岛中康爱邻里智慧医养服务有限公司
47	深圳市	深圳和而泰家居在线网络科技有限公司
48	深圳市	深圳一格信息服务有限公司
49	央企	联通系统集成有限公司
50	央企	建信金融科技有限责任公司

资料来源：2020年12月22日《工业和信息化部 民政部 国家卫生健康委员会关于公布第四批智慧健康养老应用试点示范名单的通知》文件。

七、大数据产业发展试点示范项目

2020年大数据产业发展试点示范项目名单如表9-7所示。

表 9-7 2020 年大数据产业发展试点示范项目名单

序号	企业名称	项目名称	区域
领域一：工业大数据融合应用（90 项）			
方向 1：工业现场方向（14 项）			
1	中色非洲矿业有限公司	基于大数据的金属矿山智能管控新模式	北京
2	广州明珞汽车装备有限公司	基于大数据的自动化生产线运维服务平台示范应用	广东
3	常州天正工业发展股份有限公司	天正激光装备工业大数据管理平台	江苏
4	新疆喀什齐鲁纺织服装有限公司	18 万锭现代纺织大数据智能化设备应用与示范	新疆
5	柳州五菱汽车工业有限公司	物联网大数据融合的车间装备与能源管理平台	广西
6	江苏永鼎股份有限公司	永鼎股份基于 MES 系统的工业现场大数据融合应用项目	江苏
7	东风楚凯（武汉）汽车零部件有限公司	关键零部件自动化运行质量大数据示范	武汉
8	中铁高新工业股份有限公司	中铁工业智能制造信息化"一中心、三示范"项目	北京
9	艾普工华科技（武汉）有限公司	面向智能制造的工业大数据服务平台	湖北
10	山西科达自控股份有限公司	智慧矿山安全生产数据融合应用试点示范项目	山西
11	青海盐湖工业股份有限公司	盐湖股份工业互联网大数据管理平台	青海
12	中国三峡建设管理有限公司	白鹤滩大坝混凝土智能通水技术升级研究	成都
13	中国铁建重工集团股份有限公司	基于物联网的高端地下工程装备制造大数据平台建设	湖南
14	光力科技股份有限公司	安全生产监测监控监察管理系统	河南
方向 2：企业应用方向（43 项）			
1	卫华集团有限公司	面向物流装备行业的大数据管理系统研发与产业化	河南
2	中联重科股份有限公司	面向制造企业的工业大数据融合应用试点示范项目	湖南
3	哈药集团股份有限公司	哈药互联网+协同制造服务平台	黑龙江

续表

序号	企业名称	项目名称	区域
4	新凤鸣集团股份有限公司	"互联网+化纤"工业大数据融合创新应用示范	浙江
5	南京莱斯信息技术股份有限公司	企业智慧运营大数据服务平台	南京
6	晶科能源有限公司	太阳能电池组件智能工厂大数据驱动全流程融合应用新模式项目	江西
7	研祥智能科技股份有限公司	工控设备大数据分析及远程管理与应用示范	深圳
8	徐工集团工程机械股份有限公司	基于全价值链运营增值的企业大数据创新与应用	江苏
9	赛轮集团股份有限公司	基于智能制造的轮胎企业工业大数据应用	青岛
10	中铝智能科技发展有限公司	中铝智云大数据平台项目	杭州
11	特变电工新疆新能源股份有限公司	特变电工新能源电站智慧运维云平台	新疆
12	安徽省司尔特肥业股份有限公司	五库联动—大数据融合创新驱动肥料定制生产和精准服务农业项目	安徽
13	万华化学集团股份有限公司	万华化工新材料大数据产业化应用项目	山东
14	中铁第四勘察设计院集团有限公司	基于大数据的轨道交通智慧桥梁技术研发	武汉
15	南阳市一通防爆电气有限公司	基于大数据的防爆行业协同共享生产示范工程	河南
16	内蒙古蒙牛乳业（集团）股份有限公司	蒙牛全产业链多领域数据融合协同发展项目	内蒙古
17	五凌电力有限公司	基于工业互联网大数据的水电生产数据标准建设及主设备绝缘健康评估	湖南
18	白银有色集团股份有限公司	基于工业互联网的铜冶炼生产消耗智能优化管控平台	甘肃
19	山西汾西重工有限责任公司	船舶与海洋工程装备工业大数据融合应用试点示范	山西
20	万华化学（宁波）有限公司	万华化学宁波智能工厂建设项目	宁波
21	临沂矿业集团有限责任公司	大数据赋能企业数字化转型项目	山东
22	集瑞联合重工有限公司	基于"限时服务"的重卡远程在线售后服务能力的大数据平台	安徽

续表

序号	企业名称	项目名称	区域
23	北京神舟航天软件技术有限公司	航天产品试验大数据管理系统建设及示范应用	北京
24	中国重型机械研究院股份公司	数据驱动的复杂重型装备设计/制造/服务一体化协同创新平台	西安
25	安徽云轨信息科技有限公司	轨道交通客流大数据分析项目	安徽
26	上海宇航系统工程研究所	基于产品全生命周期的大数据中心项目	上海
27	重庆山外山血液净化技术股份有限公司	血液净化大数据平台应用创新	重庆
28	美欣达集团有限公司	美欣达环保大数据综合平台	浙江
29	长春合成兴业能源技术有限公司	大数据背景下的火电机组能效管控系统	长春
30	易派客电子商务有限公司	易派客工业品电子商务平台	北京
31	龙江广瀚燃气轮机有限公司	中船龙江广瀚燃气轮机数字化工厂	哈尔滨
32	贵州天义技术有限公司	离散行业大批量定制机电组件智能制造应用示范	贵州
33	浙江东尼电子股份有限公司	东尼电子智能工厂项目	浙江
34	福耀玻璃工业集团股份有限公司	基于大数据的资源共享和协同运营平台建设	福建
35	合肥荣电实业股份有限公司	荣电大数据精准营销服务系统	安徽
36	新疆福克油品股份有限公司	润滑油互联网智能制造集成创新及融合应用	新疆
37	台州市工业互联网产业有限公司	台州工业互联网服务平台	浙江
38	河南心连心化学工业集团股份有限公司	心连心大数据项目	河南
39	双驰实业股份有限公司	鞋业工业互联网示范项目	福建
40	中化商务有限公司	全球化工采购寻源大数据平台	北京
41	南京华盾电力信息安全测评有限公司	睿思工业互联网平台	南京
42	宁夏思睿能源管理科技有限公司	基于工业大数据的电能服务平台项目	宁夏
43	宣威市炫辉太阳能设备有限公司	太阳能系列产品物联网大数据管理系统建设	云南

续表

序号	企业名称	项目名称	区域
方向 3：重点行业方向（33 项）			
1	中汽研汽车检验中心（天津）有限公司	汽车工业研发检测大数据应用平台	天津
2	京东方科技集团股份有限公司	基于大数据技术的显示器件制造行业产能提升解决方案	北京
3	苏州热工研究院有限公司	基于数据驱动的核电重大设备全寿期可靠性管理平台研发及示范应用	江苏
4	中汽数据（天津）有限公司	汽车工业大数据融合创新与智能应用	天津
5	中车青岛四方车辆研究所有限公司	轨道交通车辆智能运维大数据融合应用建设	青岛
6	成都飞机工业（集团）有限责任公司	支撑航空复杂装备制造数字化转型的大数据融合应用	成都
7	中国科学院软件研究所	能源大数据支撑平台研发及应用示范	北京
8	中科曙光南京研究院有限公司	面向智慧电力的大数据智能分析平台	南京
9	内蒙古能源发电投资集团有限公司	内蒙古能源大数据平台	内蒙古
10	奇瑞汽车股份有限公司	企业大数据平台建设与应用	安徽
11	上海宝信软件股份有限公司	钢铁行业工业互联网大数据分析平台	上海
12	美林数据技术股份有限公司	基于知识图谱技术的能源企业数据资产管理应用	西安
13	一重集团大连工程技术有限公司	重大冶金装备全生命周期大数据平台示范工程	大连
14	国电大渡河流域水电开发有限公司	基于大数据的水电流域智慧化运行研究	成都
15	国网山东省电力公司	基于"智能电网+泛在电力物联网"的供电企业大数据融合应用平台	济南
16	北京中油瑞飞信息技术有限责任公司	中国石油数据仓库及治理项目	北京
17	北京矿冶科技集团有限公司	有色行业矿冶大数据中心及应用平台建设	北京
18	中海油能源发展股份有限公司工程技术分公司	海上智能油田大数据建设及示范应用	天津

续表

序号	企业名称	项目名称	区域
19	山东博远重工有限公司	基建物资大数据租赁共享平台项目	山东
20	钢铁研究总院	钢铁材料产业链应用大数据平台	北京
21	中国移动通信集团重庆有限公司	基于5G网络环境的工业大数据平台建设及应用示范	重庆
22	成都积微物联集团股份有限公司	积微物联大数据应用分析平台	成都
23	中国铁道科学研究院集团有限公司	中国铁路运输安全大数据应用	北京
24	浙江云科智造科技有限公司	Brain matrix工业大数据分析平台	宁波
25	广州机械科学研究院有限公司	基于大数据的能源电力装备润滑安全监控与智能运维云平台	广州
26	东方电气股份有限公司	高可靠复杂发电装备焊接缺陷大数据智能分析中心建设项目	成都
27	中国能源建设集团广东省电力设计研究院有限公司	广东省海上风电大数据中心	广州
28	上海找钢网信息科技股份有限公司	钢铁行业工业大数据融合应用平台	上海
29	智能云科信息科技有限公司	面向机加工设备互联互通的工业大数据融合应用试点示范	上海
30	沈阳飞机工业（集团）有限公司	工业大数据应用平台	沈阳
31	江西飞尚科技有限公司	智慧基础设施安全监测和预警大数据服务平台	江西
32	北京中核华辉科技发展有限公司	核电施工大数据平台分析与应用	北京
33	烟台东方威思顿电气有限公司	智能计量大数据云平台	山东
领域二：民生大数据创新应用（70项）			
方向4：民生大数据创新应用（70项）			
1	浪潮软件集团有限公司	基于健康医疗大数据的医养健康创新应用	济南
2	平安科技（深圳）有限公司	平安天枢智慧经济运行辅助决策平台	深圳
3	东软集团股份有限公司	大数据赋能医保基金管理与医疗保障服务平台	沈阳
4	北京华宇信息技术有限公司	司法大数据管理与服务平台	北京
5	国新健康保障服务集团股份有限公司	全国医保支付结算（DRG）大数据监管服务系统	海南

续表

序号	企业名称	项目名称	区域
6	三六零科技集团有限公司	电信网络诈骗大数据安全分析监测预警抵制平台	天津
7	太极计算机股份有限公司	智能媒体大数据平台及应用开发	北京
8	万达信息股份有限公司	面向智慧城市的数据湖云平台系统研发和示范	上海
9	国网四川省电力公司	电力大数据的社会透视与商业洞见	四川
10	国网信通亿力科技有限责任公司	电力大数据商业化服务示范应用建设项目	厦门
11	曙光信息产业股份有限公司	面向智慧城市的大数据融合分析平台	天津
12	青岛海尔生物医疗股份有限公司	面向智慧医疗的疫苗与血液大数据管理平台建设与应用示范	青岛
13	中科曙光国际信息产业有限公司	三建联动网格化创新治理系统	青岛
14	北京嘀嘀无限科技发展有限公司	基于智能网联的大数据平台建设项目	北京
15	中国联合网络通信有限公司网络技术研究院	融合异构数据及深度学习的民生大数据创新应用试点示范	北京
16	神州数码医疗科技股份有限公司	心血管信息化研究平台建设及临床决策辅助诊疗系统优化	北京
17	山西百得科技开发股份有限公司	数字乡村平台	山西
18	贵阳货车帮科技有限公司	基于大规模实时物流数据的运力智能调度平台	贵州
19	创意信息技术股份有限公司	四川省交通运行监测与应急指挥系统	四川
20	北京国信云服科技有限公司南宁分公司	国信云服脱贫攻坚大数据解决方案	广西
21	紫光云技术有限公司	紫光云一体化社会治理信息化平台	天津
22	武大吉奥信息技术有限公司	块数据驱动下的深圳市域社会治理共建共治共享	湖北
23	国研软件股份有限公司	食品安全追溯联动大数据平台	宁波
24	天地伟业技术有限公司	基于视频数据分析挖掘的智慧城市监控管理系统的设计开发及产业化	天津
25	南京医科大学第一附属医院	慢病大数据创新应用与智慧服务平台建设示范	南京
26	中国新闻出版传媒集团项目规划与管理部	全民阅读与融媒体中台	北京
27	税友软件集团股份有限公司	税务大数据管理与分析服务平台	杭州
28	航天信息股份有限公司	基层社会治理智慧监管大数据平台项目	北京
29	章贡区智慧章贡建设办公室	章贡区信息惠民—智慧章贡	江西
30	中国移动通信集团广东有限公司	面向智慧交通的大数据综合管理应用研究与实践	广东

B.9　2020年新兴产业TOP企业

续表

序号	企业名称	项目名称	区域
31	江苏东大集成电路系统工程技术有限公司	东集兽药追溯大数据服务分析平台	南京
32	山西智杰软件工程有限公司	紧密型县域医疗卫生共同体大数据平台	山西
33	佳都新太科技股份有限公司	面向智慧城市的视频云+大数据应用平台研发及产业化	广州
34	中国交通信息中心有限公司	成都锦江流域综合治理与绿道建设工程智慧管理平台	北京
35	医渡云（北京）技术有限公司	多源异构医疗大数据处理分析及智能化产业赋能应用平台	北京
36	杭州中软安人网络通信股份有限公司	面向消费维权社会共治政务大数据服务平台	杭州
37	吉视传媒股份有限公司	梅河口市"智慧食安"工程	吉林
38	中邮信息科技（北京）有限公司	中国邮政地理资源信息平台	北京
39	北京航空航天大学青岛研究院	空天地海大数据应用平台	青岛
40	思创数码科技股份有限公司	AI"数据天眼"资金使用之前的体检仪	江西
41	浙江网新恩普软件有限公司	基于社保大数据的稽核风控平台	杭州
42	零氪科技（天津）有限公司	人工智能辅助肺癌诊疗一体化解决方案	天津
43	九次方大数据信息集团有限公司	生猪大数据资源管理与应用平台	北京
44	河南省视博电子股份有限公司	基于全国ETC联网运营数据的机动车出行服务平台	河南
45	心医国际数字医疗系统（大连）有限公司	基于云计算的医疗大数据分析服务平台及应用示范	大连
46	同道精英（天津）信息技术有限公司	猎聘通——基于大数据匹配运算的智能化招聘服务系统及呼叫中心	天津
47	广州华银健康科技有限公司	临床病理大数据产业化应用	广州
48	中国移动通信集团浙江有限公司	基于通信大数据的惠民城市经济地图	杭州
49	中南大学	基于大数据+人工智能的全流程专科互联网医院	湖南
50	北京市政交通一卡通有限公司	一卡通大数据在城市治理中的应用实践	北京
51	山西清众科技股份有限公司	中等城市数字化治理"驾驶舱"示范项目	山西
52	武汉颂大教育科技股份有限公司	教育大数据挖掘分析与资源共享平台研发及应用	湖北

续表

序号	企业名称	项目名称	区域
53	大唐软件技术股份有限公司	职业教育校园大数据应用试点示范	北京
54	清华大学	互联网感知大数据驱动的民生民情智能应用服务	北京
55	山东顺能网络科技有限公司	医联山东健康服务平台系统	济南
56	世纪恒通科技股份有限公司	大数据技术汽车消费领域和智能应用平台	贵州
57	长城计算机软件与系统有限公司	IT企业风险监测与发展大数据平台	北京
58	中国移动通信集团海南有限公司	海南省居民生活服务大数据项目	海南
59	福建联迪商用设备有限公司	支付大数据综合行业应用平台	福建
60	国网电子商务有限公司	电力大数据信用融资综合服务平台	北京
61	河北工大科雅能源科技股份有限公司	城市智慧供热大数据管理平台	河北
62	广东万丈金数信息技术股份有限公司	场景金融智能服务中台应用项目	广州
63	山东阿帕网络技术有限公司	物流大数据分析与应用平台	山东
64	河南拓普计算机网络工程有限公司	基于大数据的政务服务智慧审批平台	河南
65	厦门美亚商鼎信息科技有限公司	食品安全风险预警大数据平台	厦门
66	联通（广东）产业互联网有限公司	韶关市健康医疗大数据应用中心建设项目	广东
67	厦门路桥信息股份有限公司	一路云智慧停车大数据平台	厦门
68	广州供电局有限公司	特大城市"散乱污"大数据智能监管与治理示范性项目	广州
69	山大地纬软件股份有限公司	支持海量多源数据集成与资源自适应优化的民生服务大数据应用支撑平台研发及应用示范	济南
70	贵州北斗空间信息技术有限公司	智慧城市三维指挥调度系统	贵州
领域三：大数据关键技术先导应用（20项）			
方向5：大数据关键技术先导应用（20项）			
1	浙江大华技术股份有限公司	视频物联感知大数据存储与计算的关键技术研发及产业化	杭州
2	中国联合网络通信有限公司	面向超大规模异构数据的多场景能力构建和开放平台试点示范	北京
3	北京奇虎科技有限公司	360应龙综合反诈骗平台	北京

续表

序号	企业名称	项目名称	区域
4	优刻得科技股份有限公司	数据安全流通平台产品（UCloud安全屋）	上海
5	亚信科技（中国）有限公司	面向超大规模数据集群的亚信数据中台应用示范项目	北京
6	中科星图股份有限公司	多源遥感数据高精度智能处理与服务平台	北京
7	中移动信息技术有限公司	中国移动大数据开放服务平台"梧桐"	北京
8	合肥中科类脑智能技术有限公司	类脑智能开放平台	安徽
9	杭州数梦工场科技有限公司	DTSphere River智能数据治理平台	杭州
10	平安资产管理有限责任公司	平安金融债券风险防范大数据智能中台	上海
11	中国电信股份有限公司云计算分公司	天翼云AI能力开放平台	北京
12	中国工业互联网研究院	国家工业互联网大数据中心建设	北京
13	中国农业银行研发中心	中国农业银行数据中台	北京
14	深圳市迪博企业风险管理技术有限公司	上市公司智能监管系统	深圳
15	南京壹进制信息科技有限公司	高可用多维度大数据安全保障平台	南京
16	江苏苏宁银行股份有限公司	基于大数据分析的金融风控应用	南京
17	厦门亿联网络技术股份有限公司	企业通信大数据管理及分析平台	厦门
18	武汉达梦数据库有限公司	基于分布式大数据的异构异源数据融合平台	湖北
19	赛特斯信息科技股份有限公司	基于全业务数据的一站式智能云平台研发及产业化	南京
20	正元地理信息集团股份有限公司	城市时空大数据云GIS关键技术研究	北京

领域四：大数据管理能力提升（20项）

方向6：数据管理能力方向（7项）

序号	企业名称	项目名称	区域
1	湖州市大数据运营有限公司	公共数据服务管理平台	浙江
2	东软集团（上海）有限公司	基于大数据技术的智慧金融风控及监管服务平台研发及试点示范	上海
3	潍柴动力股份有限公司	基于DCMM的数据管理能力提升与应用示范项目	山东
4	西藏国路安科技股份有限公司	基于统一基础云平台的"政府数据整合共享与指挥调度"项目	西藏
5	武汉烽火信息集成技术有限公司	轨道交通大数据智能运维专家系统	武汉

续表

序号	企业名称	项目名称	区域
6	上海航空工业（集团）有限公司	基于 DCMM 标准的民机研制数据管理能力成熟度提升应用示范项目	上海
7	厦门南讯股份有限公司	ECRP 零售企业客户资源管理公共服务平台	厦门
方向 7：公共服务平台方向（13 项）			
1	天津五八到家货运服务有限公司	快狗打车订单匹配系统	天津
2	百融云创科技股份有限公司	产业互联网平台模式下的塑化场景小微企业普惠金融创新项目	北京
3	江苏擎天助贸科技有限公司	面向出口企业普惠金融服务的擎天助贸圈大数据公共服务平台	南京
4	江西融合科技有限责任公司	江西省工业园区智慧云平台	江西
5	赛迪顾问股份有限公司	产业大脑大数据服务平台	北京
6	南京江北新区科技投资集团有限公司	南京江北科投医疗健康大数据服务平台	南京
7	猪八戒股份有限公司	猪八戒网中小企业公共服务平台	重庆
8	海南省大数据管理局	海南省进出岛人流、物流、资金流可信交换体系及数据归集整合分析服务项目	海南
9	吉林省吉林祥云信息技术有限公司	大数据政务全息共享平台	长春
10	中铁一局集团有限公司	城市地下空间工程大数据智能分析与公共服务平台试点示范应用项目	西安
11	安徽航天信息有限公司	基于税务大数据的普惠金融服务平台	安徽
12	上海昂泰兰捷尔信息科技股份有限公司	供应链金融大数据区块链服务平台	上海
13	数字广西集团有限公司	"广西数字政务一体化平台"项目	广西

资料来源：2020 年 3 月 26 日《工业和信息化部办公厅关于公布 2020 年大数据产业发展试点示范项目名单的通知》文件。

B.10
2020年新兴产业政策[1]

1月

2日 为进一步推进原料药产业绿色升级，助力医药行业高质量发展，工业和信息化部、生态环境部、国家卫生健康委员会和国家药品监督管理局联合印发了《推动原料药产业绿色发展的指导意见》（以下简称《意见》）。《意见》提出要调整原料产业结构；强化企业主体地位，加快技术创新与应用；推行绿色生产标准。

17日 工业和信息化部、民政部、国家卫生健康委员会、国家市场监督管理总局、全国老龄工作委员会办公室联合印发了《关于促进老年用品产业发展的指导意见》（以下简称《指导意见》）。《指导意见》根据市场需求，将老年用品归纳为五大领域，依据产业特点、发展现状和趋势，明确了每个领域的发展方向。一是发展功能性老年服装服饰，二是发展智能化日用辅助产品，三是发展安全便利养老照护产品，四是发展康复训练及健康促进辅具，五是发展适老化环境改善产品。强调了夯实老年用品产业发展基础的重点内容，一是增强产业创新能力。构建以企业为主体、政产学研用紧密结合的自主创新体系，开展老年用品产业关键共性技术、重点产品的联合攻关及创新平台建设等。二是加快构建标准体系。全面梳理和完善老年用品产业相关领域标准体系，制修订一批关键亟须的产品和技术标准。三是提升质量保障水平。开展质量比对、质量攻关、质量改进等活动。建设标准化、专业化的老年用品第三方质量测试平台等。四是推动

---

[1] 资料来源：根据公开资料不完全统计。

智能产品应用。提升适老产品的智能水平,开展家庭、社区服务中心、养老机构、医院等多种应用场景的试点,建设一批智慧健康养老示范企业、街道(乡镇)和基地。五是强化知名品牌建设。培育老年用品博览会、设计大赛等活动,利用媒体等有效传播渠道,加强品牌宣传。

2月

19日 工业和信息化部办公厅发布《关于运用新一代信息技术支撑服务疫情防控和复工复产工作的通知》(以下简称《通知》)。《通知》指出,要运用新一代信息技术全面支持疫情科学防控:支持运用互联网、大数据、云计算、人工智能等新技术服务疫情监测分析、病毒溯源、患者追踪、人员流动和社区管理,对疫情开展科学精准防控;依托互联网平台开展医疗防疫物资的供需精准对接、高效生产、统筹调配及回收管理;组织信息技术企业与医疗科研机构联合攻关,利用人工智能、大数据、5G等技术,加快病毒检测诊断、疫苗新药研发、防控救治等速度,提高抗疫效率;引导企业加强互联网应用能力,充分运用网上疫情防控资源和信息化工具,建立线上线下、联防联控的管理体系;支持完善疫情期间网络零售服务和物流配送体系,加强电子图书、影视、游戏等领域数字文化产品和服务的开发,形成丰富多样的"零接触"购物和娱乐模式,确保百姓生活必需品和精神营养品供应。运用新一代信息技术加快企业复工复产:发挥大型平台企业和行业龙头企业的作用,通过工业互联网平台保障供应链的完整,做好生产协同和风险预警。对于可能停产断供的关键环节,提前组织柔性转产和产能共享,以信息化手段管控好供应链安全;支持互联网交通、物流、快递等生产性服务企业率先复工复产;加快发展基于生产运营数据的企业征信和线上快速借贷,推广应用供应链金融、知识产权质押等融资方式,保障企业复工复产的资金需求,防止出现资金链断裂。

24日 工业和信息化部印发《关于有序推动工业通信业企业复工复产的指导意见》(以下简称《指导意见》)。《指导意见》的复工复产思路可以归纳为4点。一是根据风险等级分区分类指导。对低风险地区，落实好相关防控措施，全面恢复正常生产生活秩序；对中风险地区，在做好疫情防控的前提下，合理安排企业复工复产，尽快有序恢复正常生产生活秩序；对高风险地区，要继续集中精力抓好疫情防控工作，根据疫情态势逐步恢复生产生活秩序。二是根据不同企业类别各有侧重。中小企业方面，落实《工业和信息化部关于应对新型冠状病毒肺炎疫情帮助中小企业复工复产共渡难关有关工作的通知》（工信明电〔2020〕14号）要求，用好用足现有优惠政策，落实金融政策缓解融资困难，清理拖欠中小企业账款工作，帮助中小企业渡过难关。大企业方面，鼓励中央企业、大型国企等龙头企业发挥表率作用，推动大企业带动产业链上下游中小企业协同开展疫情防控和复工复产。三是突出重点行业。推动重点行业企业复工复产，优先支持产业链长、带动能力强的产业，继续支持制造业单项冠军和具有产业链竞争优势的企业，重点支持战略性新兴产业。统筹推进民生必需品重点企业复工复产。四是通过推进重点工程建设、促进消费、打通堵点等方面保障企业复工复产。加快在建和新开工重大项目、重点工程建设，保障人员有序流动和物流畅通，指导企业用好用足援企稳岗政策，协调畅通企业员工返岗通道，加强对重点企业跟踪服务，指导企业复工复产。

3月

20日 工业和信息化部办公厅发布《关于推动工业互联网加快发展的通知》。工业和信息化部将进一步推动基础电信企业加快高质量外网建设，力争实现全国所有地市的覆盖。同时，建用并重，推动工业企业上网、用网，发展基于高质量外网的工业互联网特色应用，打造20个企业外网优秀服务案例。

24日 工业和信息化部发布《关于推动5G加快发展的通知》（以下简称《通知》）。《通知》提出要加快5G网络建设进度；加大基站站址资源支持；加强电力和频率保障；推进网络共享和异网漫游；培育新型消费模式；推动"5G+医疗健康"创新发展；实施"5G+工业互联网"512工程；促进"5G+车联网"协同发展；构建5G应用生态系统；加强5G技术和标准研发；组织开展5G测试验证；提升5G技术创新支撑能力等。

26日 工业和信息化部办公厅发布了《关于开展产业链固链行动 推动产业链协同复工复产的通知》（以下简称《通知》）。《通知》明确了四方面任务：一是梳理解决企业实际困难。围绕防疫物资、民生保障、春耕备耕、国际供应链产品、劳动密集型产业等重点领域，梳理龙头企业及其产业链上下游未复工达产的核心配套企业名单。建立"一对一"联系机制，采用视频连线、电话会议、微信群等方式建立监测会商制度，发挥行业协会作用，分类梳理企业困难，积极协调推动解决。二是落实援企稳企惠企政策。加强政策宣传，指导企业用好用足已出台政策。推动落实支农支小再贷款再贴现政策，阶段性减免企业社会保险费和企业缓缴住房公积金政策，失业保险稳岗返还政策，对中小微企业贷款实施临时性还本付息等各类支持政策。深化产融合作，加强产融平台信息对接，提高金融资源配置效率。加大清理拖欠民营企业中小企业账款力度。加强企业防疫物资保障。三是激发市场活力，拉动产业链协同复工复产。发挥"互联网+"作用，拉动轻纺、家电、汽车等传统消费，培育智慧健康养老、绿色产品等消费热点。支持发展远程医疗、在线教育、数字科普、在线办公、协同作业等新业态新模式，拓展数字网络等信息消费。实施中小企业数字化赋能专项行动。加快5G网络、物联网、大数据、人工智能、工业互联网、智慧城市等新基础设施建设，加快制造业智能化改造。加快工业和通信业重点项目开工建设，跟踪抓好重大外资项目落地，推动在建项目尽快投产达产。四是开展国际疫情研判，做好政策储备。加强全球疫情对重点产业链影响的分析研判，提出应对预案和政策储备。梳理产业链关键领域和薄弱环节，研究出台支持政策，引导企业稳固供应链，提升产业链水平。保障在全球产业链中有重要影响的龙头企业和关键环节平稳生产，维护国际供应链稳定。

4月

19日 工业和信息化部印发《中小企业数字化赋能专项行动方案》(以下简称《方案》)。《方案》提出13项重点任务和4项推进措施,重点包括:一是推广"行程卡""健康码"等新应用,以及线上办公、远程协作等解决方案,使企业尽快恢复经营管理功能,实现管理和运营数字化。二是加快发展在线办公、在线教育等新模式,培育壮大共享制造、个性化定制等服务型制造新业态,提升上云用云水平。三是搭建供应链、产融对接等数字化平台,帮助中小企业打通供应链,对接融资资源。四是推动有条件的中小企业加快数字化改造,实现精益生产、敏捷制造、精细管理和智能决策。五是强化网络、计算和安全等数字资源服务支撑,加强数据资源共享和开发利用。为推动《方案》落地生效,主要抓好以下工作:一是广泛征集一批技术力量强、服务效果好的数字化服务商、优秀数字化产品和服务。二是总结推介一批数字化赋能标杆中小企业和实践案例,示范推广带动更多中小企业加快数字化网络化智能化转型。三是组织"创新中国行"、中小企业数字化赋能高端论坛、大中小企业融通创新暨数字化产品和解决方案对接等一系列活动,推动供需对接,推广产品应用。四是利用"企业微课"等线上平台,开展一批数字化网络化智能化技术培训。

3日 工业和信息化部办公厅发布《关于组织开展2020年新型信息消费示范项目申报工作》的通知。新型信息消费示范项目要以满足人民日益增长的美好生活需要为根本目标,以供给侧结构性改革为主线,聚焦生活类信息消费、公共服务类信息消费、行业类信息消费,新型信息产品消费,信息消费支撑平台等方向,面向5G、人工智能、区块链等前沿技术,从提升产品服务供给、加快模式创新和优化消费环境等方面着力,遴选一批新型信息消费示范项目,总结形成可复制、可推广的经验做法,加快扩大和升级信息消费。

28日 工业和信息化部办公厅发布了关于印发《产业人才需求预测工

作实施方案（2020—2022 年）》的通知。重点任务包括建设产业人才大数据平台，编制产业人才需求预测报告，加强成果运用。建设大数据平台上要利用大数据获取、分析和挖掘等关键技术，建设运营产业人才大数据平台，服务重点行业、领域和地方人才需求预测，通过向社会动态发布产业内职业岗位等需求信息，推动广大技术技能人才建立合理预期、科学规划职业生涯，助力高质量就业；人才需求预测报告要分析产业链结构、产值规模等产业发展现状和未来发展趋势，明确从业人员数量、教育背景、职业岗位序列、职业岗位能力要求等产业人才发展现状，分析相关院校学科专业设置、毕业生规模、毕业生流入本产业比例等人才培养供给情况。

5月

7 日 为贯彻落实党中央、国务院关于加快 5G、物联网等新型基础设施建设和应用的决策部署，加速传统产业数字化转型，有力支撑制造强国和网络强国建设，工业和信息化部办公厅发布《关于深入推进移动物联网全面发展的通知》（以下简称《通知》）。《通知》指出了我国物联网的发展目标：准确把握全球移动物联网技术标准和产业格局的演进趋势，推动 2G/3G 物联网业务迁移转网，建立 NB-IoT（窄带物联网）、4G（含 LTE-Cat1，即速率类别 1 的 4G 网络）和 5G 协同发展的移动物联网综合生态体系，在深化 4G 网络覆盖、加快 5G 网络建设的基础上，以 NB-IoT 满足大部分低速率场景需求，以 LTE-Cat1（以下简称 Cat1）满足中等速率物联需求和话音需求，以 5G 技术满足更高速率、低时延联网需求；到 2020年年底，NB-IoT 网络实现县级以上城市主城区普遍覆盖，重点区域深度覆盖；移动物联网连接数达到 12 亿个；推动 NB-IoT 模组价格与 2G 模组趋同，引导新增物联网终端向 NB-IoT 和 Cat1 迁移；打造一批 NB-IoT 应用标杆工程和 NB-IoT 百万级连接规模应用场景。《通知》同时构建了移动物联网发展指数模型，为系统性衡量和发展物联网提供了参考。

13 日 工业和信息化部发布《关于工业大数据发展的指导意见》（以

下简称《意见》)。《意见》部署了3项重点任务，推动全面采集、高效互通和高质量汇聚，包括加快工业企业信息化"补课"、推动工业设备数据接口开放、推动工业通信协议兼容化、组织开展工业数据资源调查"摸家底"、加快多源异构数据融合和汇聚等具体手段，目的是形成完整贯通的高质量数据链，为更好地支撑企业在整体层面、在产业链维度推动全局性数字化转型奠定基础。《意见》还提出，通过在需求端组织开展工业大数据应用试点示范、开展工业大数据竞赛等手段，解决不想用、不敢用等问题；通过在供给端培育海量工业App、工业大数据解决方案供应商、向中小企业开放数据服务能力、培育应用生态等手段，降低企业数据应用的成本投入和专业壁垒，解决不会用、不敢用问题。专家表示，供需双向发力，才能共同推动工业大数据全面深度应用。

21日 为发挥标准在超高清视频产业生态体系构建中的引领和规范作用，加快制造强国、网络强国、数字中国和文化强国建设步伐，工业和信息化部、国家广播电视总局共同组织制定了《超高清视频标准体系建设指南（2020版）》。

6月

11日 工业和信息化部发布《关于进一步加强工业行业安全生产管理的指导意见》，要健全完善工业行业安全生产管理责任体系、加强对工业行业安全生产工作的指导、持续推动城镇人口密集区危险化学品生产企业搬迁改造工作、推动安全（应急）产业加快发展、持续推动民爆行业安全发展、做好民用飞机和民用船舶制造业安全监管工作。

12日 工业和信息化部办公厅和人力资源社会保障部办公厅发布了《关于印发工业通信业职业技能提升行动计划实施方案的通知》（以下简称《通知》）。《通知》提出要将职业技能提升行动作为推动工业通信业高质量发展的重要举措，坚持需求导向、问题导向、结果导向，坚持产业、人才发展深度融合，适应新技术、新产业、新模式、新职业发展要求，突出"高精尖缺",面向新一代信息通信技术、集成电路、人工智能、智能制造、工业互联网、数控机床和智能机器人、航空航天装备、智能网联汽车、网络和数据安全、新材料、生物医药及高端医疗装备等制造强国、网络强国建设重点领域,打造一批技能培训标杆企业,集聚一批面向工业通信业的优秀培训服务机构和网络培训平台,培育建设一批基础条件好、竞争力强的先进制造业实训基地,遴选推广一批产业发展亟须、行业特色鲜明的培训项目、课程和教材,形成一批可复制可推广的新技能培训经验做法,2年内开展各类职业技能培训50万人次以上,为制造强国、网络强国建设提供坚强技能人才保障。《通知》同时强调了要强化企业培训主体作用、创新培训内容和形式、大力扶持培训服务机构和网络培训平台发展、强化技能提升培训基础能力建设、加强产业技能人才需求预测、推动技能培训与使用评价激励有机衔接。

7月

15日 为推动制造业高质量发展,工业和信息化部会同国家发展和改革委员会、教育部、科学技术部、财政部、人力资源和社会保障部、自然资源部、生态环境部、商务部、中国人民银行、市场监督管理总局、统计局、中国银行保险监督管理委员会、中国证券监督管理委员会、国家知识产权局十五部门联合印发了《关于进一步促进服务型制造发展的指导意见》(以下简称《指导意见》)。《指导意见》重点提出了发展工业设计服务、定制化服务、供应链管理、共享制造、检验检测认证服务、全生命周期管理、总集成总承包、节能环保服务、生产性金融服务九大模式,既涉及制造业各环节的服务创新,也涵盖了跨环节、跨领域的综合集成服务。同时,服务型制造模式仍在不断创新突破中,为尊重企业主体地位和首创精神,《指导意见》积极鼓励企业结合自身禀赋和竞争优势,因地制宜,探索实践,深化新一代信息技术应用,发展信息增值服务,探索和实践智能服务新模式,大力发展制造业服务外包,持续推动服务型制造创新发展。

24日 为形成支持中小企业发展的常态化、长效化机制，促进中小企业高质量发展，17部门联合推出了《关于健全支持中小企业发展制度的若干意见》（以下简称《意见》）。《意见》指出要完善支持中小企业发展的基础性制度、坚持和完善中小企业财税支持制度、坚持和完善中小企业融资促进制度、建立和健全中小企业创新发展制度、完善和优化中小企业服务体系、建立和健全中小企业合法权益保护制度、强化促进中小企业发展组织领导制度。

8月

3日 工业和信息化部发布《关于开展2020年网络安全技术应用试点示范工作的通知》，试点内容主要包括新型信息基础设施安全类、网络安全公共服务类和网络安全"高精尖"技术创新平台类。新型信息基础设施安全类主要针对5G网络安全、工业互联网安全、车联网安全、智慧城市安全、大数据安全、物联网安全、人工智能安全、区块链完全、商用密码安全、电信网络诈骗防范治理的解决方案。网络安全公共服务类主要针对提供安全防护、安全运营、威胁情报、安全培训的公共服务平台。网络安全"高精尖"技术创新平台类面向新型信息基础设施安全类、网络安全公共服务类重点方向，以及拟态防御、可信计算、零信任、安全智能编排等前沿性、创新性、先导性的重大网络安全技术理念，汇聚产学研用等创新资源，具备核心技术攻关、产业化应用推广等关键环节协同创新环境和载体的网络安全技术创新或试点示范区。

6日 为加快绿色数据中心建设，引领数据中心走高效、低碳、集约、循环的绿色发展道路，按照《工业和信息化部 国家机关事务管理局 国家能源局关于加强绿色数据中心建设的指导意见》（工信部联节〔2019〕24号）要求，6部门组织开展2020年度国家绿色数据中心推荐工作。

9月

21日 工业和信息化部办公厅《关于印发〈建材工业智能制造数字转型行动计划（2021—2023年）的通知〉》（以下简称《通知》）。《通知》提出下一阶段的主要任务为：完善建材两化融合贯标体系；建立建材智能制造标准体系；培育信息化公共服务体系；构建网络安全分级防护体系；突破一批关键核心技术；形成一批系统解决方案；创新一批工业互联网场景；大力培育智能工厂和数字矿山；着力推进关键环节典型应用；加快提高中小建材企业信息化水平。

23日 工业和信息化部、中国残疾人联合会发布《关于推进信息无障碍的指导意见》（以下简称《意见》）。《意见》指出，到2021年年底，面向持证残疾人及60周岁以上农村老年人的通信服务资费优惠进一步加大，显著减轻重点受益群体通信资费负担。各级政府部门网站、移动互联网应用、基本公共信息指示设施的无障碍普及率显著提高，村镇中小学、卫生院（室）互联网接入与信息化应用水平普遍提升。初步构建起涵盖设备终端、服务应用等领域的无障碍规范标准体系。探索开展网站、移动互联网应用的信息无障碍评级评价。到2025年年底，建立起较为完善的信息无障碍产品服务体系和标准体系。建成信息无障碍评价体系，信息无障碍成为城市信息化建设的重要组成部分，信息技术服务全社会的水平显著提升。

25日 工业和信息化部、农业农村部、商务部、文化和旅游部、国家市场监督管理总局和国家知识产权局发布了《蚕桑丝绸产业高质量发展行动计划（2021—2025年）的通知》（以下简称《通知》），《通知》中指出了下一阶段的重点任务：提升科技创新水平，推进蚕桑生产产业化集约化，建设现代丝绸产业体系，实施增品种提品质创品牌"三品"专项行动，弘扬丝绸文化，加强国际合作。

10月

14日 工业和信息化部和应急管理部发布《关于印发"工业互联网+安全生产"行动计划（2021—2023年）的通知》（以下简称《通知》）。《通知》指出，到2023年年底，工业互联网与安全生产协同推进发展格局要基本形成，工业企业本质安全水平明显增强。一批重点行业工业互联网安全生产监管平台建成运行，"工业互联网+安全生产"快速感知、实时监测、超前预警、联动处置、系统评估等新型能力体系基本形成，数字化管理、网络化协同、智能化管控水平明显提升，形成较为完善的产业支撑和服务体系，实现更高质量、更有效率、更可持续、更为安全的发展模式。

20日 工业和信息化部发布《关于加强外商投资电信企业事中事后监管的通知》，说明自《国务院关于取消和下放一批行政许可事项的决定》（国发〔2020〕13号）发布之日起，工业和信息化部不再核发《外商投资经营电信业务审定意见书》（以下简称《意见书》），相应外资审查工作纳入电信业务经营许可审批环节。前期已获批意见书的外商投资企业，可继续按法定程序申请电信业务经营许可。后续，外商投资企业直接申请电信业务经营许可或变更时，需一并提交相关外资申请材料工业和信息化部将依法依规办理。

11月

2日 为推进"互联网+"在医疗健康领域的应用发展，增强基层卫生防疫能力，工业和信息化部办公厅和国家卫生健康委办公厅发布《关于进一步加强远程医疗网络能力建设的通知》（以下简称《通知》）。《通知》中提出要扩大网络覆盖，提高网络能力，推广网络应用，加强组织保障。

3日 工业和信息化部办公厅发布《关于组织开展2020年工业互联网试点示范项目申报工作的通知》（以下简称《通知》）。《通知》指出，试点项目要围绕网络化改造集成创新应用、标识解析集成创新应用、"5G+工业互联网"内网改造、平台集成创新应用、安全集成创新应用5个方向，遴选一批工业互联网试点示范项目，通过试点先行、示范引领，探索形成可复制、可推广的新模式和新业态，推进工业互联网创新发展。

27日 工业和信息化部办公厅和国家卫生健康委员会办公厅发布《关于组织开展5G+医疗健康应用试点项目申报工作的通知》（以下简称《通知》）。《通知》指出要充分发挥5G技术的特点优势，着眼丰富5G技术在医疗健康行业的应用场景，征集并遴选一批骨干单位协同攻关、揭榜挂帅，重点形成一批技术先进、性能优越、效果明显的5G+医疗健康标志性应用，为5G+医疗健康创新发展树立标杆和方向，培育我国5G智慧医疗健康创新发展的主力军。

12月

21日 为促进集成电路产业和软件产业高质量发展，财政部、国家税务总局、国家发展和改革委员会、工业和信息化部发布公告，规定了所得税优惠条件和优惠政策。

25日 为发挥标准对电信和互联网行业数据安全的规范和保障作用，加快制造强国和网络强国建设步伐，工业和信息化部发布了《关于印发电信和互联网行业数据安全标准体系建设指南的通知》。

25日 工业和信息化部和中国银行保险监督管理委员会发布《关于开展2020年度重点新材料首批次应用保险补偿机制试点工作的通知》（以下简称《通知》），《通知》中阐明生产《重点新材料首批次应用示范指导目录（2019年版）》内新材料产品，且于2020年1月1日至2020年12月31日期间投保重点新材料首批次应用综合保险的企业，符合首批次保险补偿工作相关要求，可提出保费补贴申请。申请保费补贴的产品应由新材料用户单位直接购买使用，用户单位为关联企业及贸易商的不得提出保费补贴申请，原则上单个品种的销售合同金额不低于500万元。

31 日 工业和信息化部发布《关于公布 2020 年消费品工业"三品"战略示范城市名单的通告》(以下简称《通告》)。《通告》主要内容是为贯彻落实《国务院办公厅关于开展消费品工业"三品"专项行动营造良好市场环境的若干意见》(国办发〔2016〕40 号),经地方申报、专家评审和网上公示,工业和信息化部将 2020 年消费品工业"三品"战略示范城市名单予以公布。

B.11
新兴产业未来前沿方向

一、Gartner：2021年九大战略性技术趋势

全球领先的信息技术研究和顾问公司Gartner于2020年10月19日公布了企业机构在2021年需要研究的重要战略科技趋势。2020年发表的2021年度战略性技术趋势只有9项，分成3组，每组3项。

以人为本。尽管大流行病改变了许多人与组织的工作和互动方式，但人仍然是所有业务的中心，他们需要数字化流程才能在当今环境中发挥作用。以人为本包括行为互联网，全面体验策略，隐私增强计算。

位置独立性。COVID-19已经转移到员工、客户、供应商和组织生态系统实际存在的地方。位置独立性要求进行技术转移以支持这种新版本的业务。位置独立性分为分布式云，随处运营，网络完全运营。

韧性交付。无论是大流行还是衰退，世界上都存在波动。实现人工智能工程化，超级自动化。

下面是9项战略性技术趋势的简单介绍和解读。

1. 行为互联网（Internet of Behaviors，IoB）

Gartner预测，到2025年年底，全球一半以上的人口将至少参加一项商业或政府的IoB计划。虽然IoB在技术上可成为可能，但社会各界将对各种影响行为的方法展开广泛的伦理和社会学讨论。

解读：例如，虽然司机可能不反对跟踪速度、刹车和转弯，以换取更低的保险费，但他们可能不会接受执法部门也能够跟踪这些信息。归根结

底，IoB 必须为双方带来互惠互利，否则可能被消费者拒绝。

对于某些地理区域，IoB 的大部分范围和执行将取决于当地的法律，这可能会影响数据的使用方式。

2. 全面体验（Total Experience，TX）

由于新冠肺炎疫情，移动、虚拟和分布式互动日益盛行，因此企业机构需要有 TX 策略。TX 将改善体验的各个组成部分，实现业务成果的转型。这些相互交织的体验是企业运用创新革命性体验实现差异化，从而从新冠肺炎疫情中恢复的关键驱动力。

解读：全面体验的案例。

一家大型电信公司将其全部经验转化为提高安全性和满意度。首先，它通过一个现有的应用程序部署了一个预约系统。当顾客到达他们的预约地点，来到距离商店小于 75 英尺（1 英尺≈0.3048 米）的位置时，他们收到了两个通知：引导他们完成签入过程的通知和提醒他们需要多长时间才能安全进入商店并保持社交距离的通知。

为了提高员工的安全性，该公司还开发了一项技术，允许员工在不接触设备的情况下共同浏览客户硬件。

3. 隐私增强计算（Privacy-Enhancing Computation）

随着全球数据保护法规的成熟，各地区首席信息官所面临的隐私和违规风险超过了以往任何时期。不同于常见的静态数据安全控制，隐私增强计算可在确保保密性或隐私的同时，保护正在使用的数据。

Gartner 认为，到 2025 年将有一半的大型企业机构使用隐私增强计算在不受信任的环境和多方数据分析用例中处理数据。企业机构应在开始确认隐私增强计算候选对象时，评估要求个人数据转移、数据货币化、欺诈分析和其他高度敏感数据用例的数据处理活动。

解读：在使用数据保护技术以实现安全数据处理和数据分析时隐私增强计算包括三种技术。第一种提供了一个可信的环境，在该环境中，敏感数据可以处理或分析。它包括可信的第三方和硬件可信的执行环境（也称为机密计算）。第二种以分散的方式执行处理和分析。它包括联合机器学习和隐私感知机器学习。第三种转换数据和算法，然后再进行处理或分析。它包括差分隐私、同态加密、安全多方计算、零知识证明、私家集交叉和私有信息检索。

这使得组织能够在不可信的环境中安全地共享数据，随着对数据量的需求日益增长，保护数据的需求也与日俱增。

4. 分布式云（Distributed Cloud）

分布式云将公有云分布到不同的物理位置，但服务的运营、治理和发展依然由公有云提供商负责。它为具有低延迟、降低数据成本需求和数据驻留要求的企业机构方案提供了一个灵活的环境，同时还使客户的云计算资源能够更靠近发生数据和业务活动的物理位置。

预计到2025年，大多数云服务平台至少都能提供一些可以根据需要执行的分布式云服务。Burke先生认为："分布式云可以取代私有云，并为云计算提供边缘云和其他新用例。它代表了云计算的未来。"

解读：分布式云的多种样式。

本地公共云：这是一个受欢迎的供应商产品，但它只提供了提供商完整套件的一小部分，而且还相对不成熟。

物联网（IoT）边缘云：直接与边缘设备交互的分布式服务。

城域社区云：将云服务分配到城市或大都市区域的节点中，链接多个客户。

5G移动边缘云：作为5G电信/运营商网络的一部分提供分布式云服务。

全球网络边缘云：提供旨在与全球网络基础设施（如蜂窝塔、集线器和路由器）集成的云服务。

5. 随处运营（Anywhere Operations）

随处运营是一种为全球各地客户提供支持、赋能全球各地员工并管理各类分布式基础设施业务服务部署的 IT 运营模式。它所涵盖的不仅仅是在家工作或与客户进行虚拟互动，还能提供所有五个核心领域的独特增值体验，分别是协作和生产力、安全远程访问、云和边缘基础设施、数字化体验量化及远程运营自动化支持。

预计到 2023 年年底，40%的企业机构将通过随处运营提供经过优化与混合的虚拟/物理客户与员工体验。

解读：该技术基础包括五个构件。

协作和生产力包括工作流协作、会议解决方案、云办公套件和数字白板和智能工作区。

安全远程访问包括无密码和多因素身份验证、零信任网络访问（ZTNA）、安全访问服务边缘（SASE）和身份作为新的安全边界。

云和边缘基础设施包括分布式云、物联网、API 网关、边缘人工智能和边缘处理。

数字体验量化包括数字体验监控、工作场所分析、远程支持和非接触式交互。

支持远程操作的自动化包括 TAIOps、端点管理、SaaS 管理平台、自助服务和零接触供应。

6. 网络安全网格（Cybersecurity Mesh）

网络安全网格使任何人都可以安全地访问任何数字资产，无论资产或人员位于何处。它通过云交付模型解除策略执行与策略决策之间的关联，并使身份验证成为新的安全边界。预计到 2025 年，网络安全网格将支持超过一半的数字访问控制请求。

Burke 先生认为："新冠肺炎疫情加快了耗时数十年的数字化企业变革过程。我们已经越过了一个转折点，大多数企业机构的网络资产现在都已超出传统的物理和逻辑安全边界。随着随处运营的不断发展，网络安全网状组网将成为从非受控设备安全访问和使用云端应用与分布式数据的最实用方法。"

解读：网络安全网格是一种分布式体系结构方法，用于可扩展、灵活和可靠的网络安全控制。新冠肺炎疫情加速了一个现有的趋势，即大多数资产和设备现在都位于传统的物理和逻辑安全参数之外。网络安全网格使任何人或事物都能够安全地访问和使用任何数字资产，无论它们位于何处，同时提供必要的安全级别。

随着企业加速数字业务的发展，安全必须跟上快速变化的步伐。网络安全网格使安全模型能够保持在当前条件下运营所需的可塑性，并在不妨碍公司发展的情况下提供安全性。这些工具已经由一些主要组织以某种方式部署。

7. 组装式智能企业（Intelligent Composable Business）

Burke 先生表示："为了提高效率而建立的静态业务流程非常脆弱，因此在新冠肺炎疫情的冲击下变得支离破碎。首席信息官和 IT 领导者正在努力收拾残局，他们开始了解适应业务变化速度的业务能力有多么重要。"

智能组合型业务通过获取更好的信息并对此做出更敏锐的响应来彻底改变决策。依靠丰富的数据和洞见，未来的机器将具有更强大的决策能力。智能组合型业务将为重新设计数字化业务时刻、新业务模式、自主运营和新产品、各类服务及渠道铺平道路。

解读：在重建过程中，领导者必须设计出一个能够更好地访问信息，可以通过新的见解来补充信息，可组合、模块化，在做出决策时能够更快地进行更改和响应的架构。

8. 人工智能工程化（AI Engineering）

Gartner 的研究表明，只有 53%的项目能够从人工智能（AI）原型转化为生产。首席信息官和 IT 领导者发现，由于缺乏创建和管理生产级人工智能管道的工具，人工智能项目的扩展难度很大。为了将人工智能转化为生产力，就必须转向人工智能工程化这门专注于各种人工智能操作化和决策模型（如机器学习或知识图）治理与生命周期管理的学科。

人工智能工程化立足于三大核心支柱：数据运维、模型运维和开发运维。强大的人工智能工程化策略将促进人工智能模型的性能、可扩展性、可解释性和可靠性，完全实现人工智能投资的价值。

解读：由于可维护性、可伸缩性和治理问题，人工智能项目经常失败。然而，一个强大的人工智能工程策略将促进人工智能模型的性能、可扩展性、可解释性和可靠性，同时实现人工智能投资的全部价值。如果没有人工智能工程，大多数组织将无法将人工智能项目从概念证明和原型转移到全面生产。

人工智能工程有三个核心支柱：数据操作（DataOps）、模型操作（ModelOps）和开发操作（DevOps）。

开发操作主要处理高速代码更改，但 AI 项目在代码、模型和数据方面经历动态变化，所有这些都必须改进。组织必须在数据操作的数据管道和模型操作的机器学习模型管道中应用开发操作原则，以获得 AI 工程的好处。

9. 超级自动化（Hyperautomation）

业务驱动型超级自动化是一项可用于快速识别、审查和自动执行大量获准业务和 IT 流程的严格方法。在过去几年中，超级自动化一直在持续不断地发展。而受新冠肺炎疫情影响，一切事物都被突然要求首先实现数字化，这大大增加了市场的需求。业务利益相关者所积压的需求已促使 70% 以上的商业机构实施了数十种超级自动化计划。

解读：超级自动化是一个过程，在这个过程中，企业使用人工智能、机器学习、事件驱动软件、机器人过程自动化和其他类型的决策过程和任务自动化工具，使尽可能多的业务和 IT 过程自动化。

组织经常被"组织债务"拖累，包括技术债务、流程债务、数据债务、架构债务、人才债务、安全债务和社会债务。总的来说，这种债务会影响价值主张和品牌。究其原因，是一套广泛而昂贵的业务流程，这些流程由一系列技术拼凑而成，这些技术往往没有经过优化、精简、连接或一致。

然而，在一个以数字加速为游戏名称的世界里，商业领袖正在呼吁数字运营的卓越性。新冠肺炎疫情进一步加速了这一进程，它迅速推动企业允许更多远程、数字化的首选方案。超级自动化是企业实现数字化运营卓越性和运营弹性的关键。为了实现这一点，组织必须数字化其文档/工件，并确保其业务和IT流程工作流是数字化的。他们需要自动化任务、流程并协调跨职能领域的自动化。

二、福布斯2021年十大数字化转型趋势

2020年9月21日，福布斯网站发文分析2021年十大数字化转型趋势。

1. 5G

远程办公在2020年成为常态，对可靠连接和更多带宽的需求及对手机、平板电脑等的依赖更甚，从而凸显了5G需求。如今，5G部署已成为解决方案的重要组成部分，其价值将在2021年得到充分体现。

2. 客户数据平台

IBM估计，"坏数据"每年会造成约3万亿美元的损失，应对这一挑战已成为首要任务。客户数据平台（CDP）通过从所有可用的数据源收集数据、对其进行组织、标记，然后供需要访问的人使用，来帮助解决这个问题。CDP将在2021年变得尤为重要。

3. 混合云

2019年，大型公共云提供商（如AWS、Azure、Google、IBM和Oracle）对混合技术进行了重大投资，以满足客户的需求，应对指数级数据增长带来的挑战，同时积极应对隐私、安全和合规性等问题。混合云的现代化方

法正在从传统 IT 扩展到支持工业应用。

4. 网络安全

新冠肺炎疫情期间，黑客在全球范围内扩大了对企业的攻击活动。2020 年 1—4 月，黑客针对银行的攻击增加了 238%，对云服务器的攻击增加了 600%。

5. 机密计算

增强网络安全的另一种方法是机密计算，特别是在解决通信和数据隐私问题时。机密计算的核心是加密整个计算过程，围绕敏感信息创建额外的安全层。这项技术还处于相对初级的阶段，但预计将在 2021 年成为主流。

6. 无头科技

无头科技（Headless Tech）的含义是，企业现在可以将其前端表示层与后端数据功能分离，以创建定制的个性化体验。

7. 居家办公

因新冠肺炎疫情等原因，居家办公成为一种主要办公方式，而且很可能将延续下去。居家工作可能将带来人口迁移，这种迁移将推动对郊区和农村地区互联互通的更多投资，使人口较少的社区实现更高的生产力。

8. 人工智能

新冠肺炎疫情引发了人工智能和数据普及的加速。随着计算能力成本的降低，云使人们能够访问这种计算能力以及软件和框架，越来越多的公司将从 AI 中受益。随着主要芯片制造商在半导体方面的不断创新，然后将 CPU，GPU，FPGA 和 ASIC 部署到云中，公司可直接或通过第三方应用程序访问此硬件和软件，从而进一步简化和普及 AI。

9. 设备外形

用户越来越对混合设备感兴趣，如微软 Surface Duo 和三星 Galaxy Fold 2，其能够兼作手机和平板电脑，并根据需要折叠和展开。除了折叠和多屏设备，通过 5G 和/或 LTE 实现全方位连接的计算机也获得了更大的发展。

10. 量子计算

近年来，量子计算获得了前所未有的关注。量子计算在控制疾病传播、研发治疗方法和疫苗方面处于前沿地位。随着人们意识到量子计算所具有的强大功能，量子技术可能会被更多地用于其他行业，在任何时候从任何来源轻松地查询、监视、分析和处理数据。

三、世界经济论坛和科学美国人：2020 年十大新兴技术

2020 年 11 月 10 日，世界经济论坛和《科学美国人》杂志共同发布了一份报告——《2020 十大新兴技术》。这份报告揭示了 2020 年十大新兴技术——由世界经济论坛和《科学美国人》杂志召集的国际专家指导小组从 75 项技术提名中选出。最终入围的十大新兴技术，必须满足以下两个条件：一是能用优于现有技术效率的方式推动社会和经济进步；二是它们还必须是新兴的（目前尚未广泛使用），但有可能在未来 3～5 年内产生重大影响。

以下是报告选出的 2020 年十大新兴技术。

1. 微针——实现无痛注射和抽血

这些细小的针头，厚度不超过一张纸，宽度一根头发，却可以帮助我们实现无痛注射和抽血。微针可以穿透皮却不会触碰神经末梢，并可以附着在注射器或贴片上，甚至可以混入乳膏中。从此，人们足不出户就可在家中完成抽血，然后可将血液样本送到实验室或当场进行分析。此外，微

针技术还能节约设备和人力成本，让医疗服务不足地区的人们更容易获得医疗服务。

2. 太阳能化学——将二氧化碳变废为宝

我们依赖的许多化学药品的生产都需要化石燃料。一种新方法有望通过利用阳光将废二氧化碳转化为有用的化学物质来减少化石燃料的排放。近年来，研究人员开发了能打破二氧化碳中碳与氧之间抗性双键的光催化剂。这意味着我们向建立"太阳能"精炼厂的方向迈出了关键第一步。该精炼厂可从废气中生产有用的化合物，包括"平台"分子，这些分子可用作合成各种产品（如药品、洗涤剂、化肥和纺织品）的原料。

3. 虚拟病人——代替真人临床试验

如果将真人替换为虚拟的人，使临床试验进行得更快速、更安全听起来很容易，那么其背后的科学原理却绝不简单：从人体器官的高分辨率图像中获取的数据被输入到控制器官功能机制的复杂数学模型中，然后计算机算法进行解析得到方程，从而生成一个功能与真实器官一样的虚拟器官。这种虚拟器官或身体系统可以在最初的药物和治疗评估中取代真人，使评估过程更快、更安全、更便宜。

4. 空间计算——下一代的"大事件"

空间计算是将虚拟现实（VR）和增强现实（AR）应用程序整合在一起的物理和数字世界的下一个步骤。与 VR 和 AR 一样，它可以对通过云连接的对象进行数字化处理，使传感器和马达相互反应，并创建真实世界的数字表示形式。如今它又增加了空间映射功能，使计算机"协调器"可以跟踪和控制人在数字和物理世界中移动时物体的运动和交互。该技术将为工业、医疗、交通和家庭中的人机交互方式带来新的发展方向。

5. 数字医学——更好地诊断和治疗疾病

数字医学不会很快取代医生，但是监视病情或管理疗法的应用程序可以帮助他们提高护理水平，并为难以获得医疗服务机会的患者提供支持。许多智能手表已经可以检测佩戴者的心律是否规则，科学家正在研究类似可以帮助治疗患者呼吸障碍症、抑郁症、阿尔茨海默症等病症的工具。含有传感器的药丸也正在研发中，这些药丸将数据发送到应用程序，以帮助检测体温、胃出血和癌性 DNA 等。

6. 电动航空——实现航空旅行脱碳

电力推进将使航空旅行减少碳排放，大幅削减燃料成本并降低噪声。从空中客车公司（Airbus）到美国国家航空航天局（NASA），许多组织都在研究这一领域的技术，尽管长途电动飞行可能仍然遥遥无期，并且存在成本和监管方面的障碍，但这一领域仍有大量投资。大约有 170 个电动飞机项目正在开发中，主要用于私人和公司的通勤旅行。

7. 低碳水泥——帮助应对气候变化

如今，全球每年生产约 40 亿吨水泥，而这一过程中化石燃料燃烧的二氧化碳排放量约占全球二氧化碳排放量的 8%。随着未来 30 年城市化进程的加快，这一数字将增至 50 亿吨。研究人员和初创企业正在研究低碳方法，包括调整生产水泥过程中所用成分的平衡，采用碳捕获和存储技术以消除排放物，以及将水泥从混凝土中全部清除。

8. 量子传感——让汽车"看见"拐角

想象一下可以"看见"拐角处物体的自动驾驶汽车，或可以监视人的大脑活动的便携式扫描仪。量子传感可以使这些想象成为现实。量子传感器利用物质的量子性质，以极高的精确度进行操作，例如，将处于不同能量状态的电子之间的差异用作基本单位。这些系统大多数是复杂且昂贵的，但是科学家正在开发更小、更实惠的设备，并将可能会开拓新的用途。

9. 绿色氢气——填补可再生能源巨大空白

氢气燃烧时，唯一的副产品是水，而当通过可再生能源进行电解制氢时，氢气就变成"绿色"无污染的了。2020年早些时候，有人预测，到2050年，绿色氢能源行业的潜在市场规模可能接近12万亿美元。这是因为它可以通过帮助降低运输和制造业等部门的碳含量而在能源转型中发挥关键作用，而这些部门由于需要高能燃料而难以电气化。

10. 全基因组合成——或将改变细胞工程

设计基因序列所需技术的改进使打印越来越多的遗传物质和更广泛地改变基因组成为可能。这可以让人们深入了解病毒是如何传播的，并有助于生产疫苗和开发其他治疗方法。在未来，全基因组合成可以对可持续地从生物质或废气中生产化学品、燃料或建筑材料有所帮助。它甚至可以让科学家设计抗病原体的植物，或者让我们编写自己的基因组。这为遗传病的治疗打开了新大门。

世界经济论坛称，将通过其技术先锋社区和全球未来理事会网络等工作，支持并帮助推动这种对经济增长和社会未来福祉至关重要的创新。

四、阿里巴巴达摩院：2021年十大科技趋势

2020年12月28日，阿里巴巴达摩院发布2021十大科技趋势，这是达摩院成立三年以来第三次发布年度科技趋势。

2020年是不平凡的一年，在新冠肺炎疫情的洗礼下，许多行业重启向上而生的螺旋，但新冠肺炎疫情并未阻挡科技前进的脚步，量子计算、基础材料、生物医疗等领域的一系列重大科技突破纷至沓来，后疫情时代，基础技术及科技产业将如何发展，达摩院为科技行业提供了全新预测。材料是一切科技发展的基础，新材料技术已推动多轮科技革命。然而，受限于成本高昂、生产工艺不成熟等问题，诸多新型材料未能实现大规模应用。达摩院认为，未来几年，以氮化镓和碳化硅为代表的第三代半导体材料将在材料生长、器件制备等技术上实现突破，并应用于5G基站、新能源汽车、特高压、数据中心等新基建场景，大幅降低整体能耗。新材料的价值

远不止提供更优的性能，它还能突破传统材料物理极限，达摩院预测，碳基材料作为制作柔性设备的核心材料，将走出实验室并制备可随意伸缩、弯曲的柔性电子设备，例如，用该材料制作的电子皮肤不仅机械特性与真实皮肤相似，还有外界环境感知功能。过去几年，AI技术悄然渗透至传统产业，例如，AI走进制造企业，提升质检工作效率。达摩院认为，AI应用于生产环节只是开始，汽车、消费电子、服装、钢铁、化工等信息化基础良好的行业将实现供应链、生产、资产、物流、销售等各环节的全局智能，最终实现生产及运营效率的大幅提升。在医疗领域，业界公认AI与药物、疫苗研发结合是大势所趋，但用AI研发药物并成功上市的案例极为罕见。达摩院指出，新型AI算法的迭代及算力突破将解决药物分子靶点确证、药物可成药性等难题，例如，在疫苗研发过程中，AI可自动输入有效化合物模型，然后与计算机合成程序产生的数亿种不同的化学化合物对比筛选，最终快速找到疫苗的优质候选化合物。作为人机交互和人机混合智能未来技术，脑机接口在医疗领域极具研究价值。达摩院指出，学术界和工业界正在努力攻克脑信号的采集和处理难题，帮助人类更好地理解大脑工作原理，技术的成熟将加速脑机接口的临床应用，未来将为口不能言、手不能动的患者提供精准康复服务。科学技术的发展总是在不断发散与收敛的模式中跃迁。2019年，达摩院曾预测"云将成为IT技术的创新中心"，时隔一年，云原生成为云计算领域的新变量，达摩院提出，未来芯片、开发平台、应用软件乃至计算机等将诞生于云上，AI、5G、区块链等技术都将以云原生的方式落地，企业获取IT服务的路径再次被缩短。创新永无终点，但每一次技术创新都必然沿着普惠的既定轨迹前行。达摩院认为，AI、5G、云计算及IoT等数字技术正发生前所未有的化学反应，农村乃至城市都将因此发生新一轮变革。在农村，自动监测农作物、精细化育种，农产品物流运输可追溯都将变成现实；城市将拥有一颗超级大脑，感知、通信、决策能力全面提升，为城市提供整体治理能力。

1. 趋势一：以氮化镓、碳化硅为代表的第三代半导体迎来应用大爆发

以氮化镓（GaN）和碳化硅（SiC）为代表的第三代半导体，具备耐高温、耐高压、高频率、大功率、抗辐射等优异特性，但受工艺、成本等因素限制，多年来仅限于小范围应用。

近年来，随着材料生长、器件制备等技术的不断突破，第三代半导体的性价比优势逐渐显现，并正在打开应用市场：SiC元件已用作汽车逆变器，GaN快速充电器也大量上市。

未来5年，基于第三代半导体材料的电子器件将广泛应用于5G基站、新能源汽车、特高压、数据中心等场景。

2. 趋势二：后"量子霸权"时代量子纠错和实用优势成核心命题

2020年为后"量子霸权"元年，世界对量子计算的投入持续上涨，技术和生态蓬勃发展，多个平台异彩缤纷。

这一潮流将在2021年继续推高社会的关注和期待，量子计算的研究需要证明其自身的实用价值；业界需要聚焦"后霸权"时代的使命：协同创新，解决众多的科学和工程难题，为早日到达量子纠错和实用优势两座里程碑铺路奠基。

3. 趋势三：碳基技术突破加速柔性电子发展

柔性电子是指经扭曲、折叠、拉伸等形状变化后仍保持原有性能的电子设备，可用作可穿戴设备、电子皮肤、柔性显示屏等。

柔性电子发展的主要瓶颈在于材料。目前的柔性材料或者"柔性"不足容易失效，或者电性能远不如"硬质"硅基电子。

近年来，碳基材料的技术突破为柔性电子提供了更好的材料选择：碳纳米管这一碳基柔性材料的质量已经可以满足大规模集成电路的制备要求，且在此材料上制备的电路性能超过同尺寸下的硅基电路；而另一碳基柔性材料石墨烯的大面积制备也已实现。

4. 趋势四：AI 提升药物及疫苗研发效率

AI 已广泛应用于医疗影像、病历管理等辅助诊断场景，但 AI 在疫苗研发及药物临床研究的应用依旧处于探索阶段。

随着新型 AI 算法的迭代及算力的突破，AI 将有效解决疫苗/药物研发周期长、成本高等难题，例如，提升化合物筛选、建立疾病模型、发现新靶点、发现先导化合物及先导药物优化等环节的效率。

AI 与疫苗、药物临床研究的结合可以减少重复劳动与时间消耗，提升研发效率，极大地推动医疗服务和药物的普惠化。

5. 趋势五：脑机接口帮助人类超越生物学极限

脑机接口是新一代人机交互和人机混合智能的关键核心技术。脑机接口对神经工程的发展起到了重要支撑与推动作用，帮助人类从更高维度空间进一步解析人类大脑的工作原理。

脑机接口这一新技术领域，探索性地将大脑与外部设备进行通信，并借由脑力意念控制机器。例如，在控制机械臂等方面帮助提升应用精度，将为神志清醒、思维健全，但口不能言、手不能动的患者提供精准康复服务。

6. 趋势六：数据处理实现"自治与自我进化"

随着云计算的发展、数据规模持续呈指数级增长，传统数据处理面临存储成本高、集群管理复杂、计算任务多样性等巨大挑战。面对海量暴增的数据规模以及复杂多元的处理场景，人工管理和系统调优捉襟见肘。

因此，通过智能化方法实现数据管理系统的自动优化，成为未来数据处理发展的必然选择。

人工智能和机器学习手段逐渐被广泛应用于智能化的冷热数据分层、异常检测、智能建模、资源调动、参数调优、压测生成、索引推荐等领域，有效降低数据计算、处理、存储、运维的管理成本，实现数据管理系统的"自治与自我进化"。

7. 趋势七：云原生重塑 IT 技术体系

在传统 IT 开发环境里，产品开发上线周期长、研发效能不高，云原生架构充分利用了云计算的分布式、可扩展和灵活的特性，更高效地应用和管理异构硬件和环境下的各类云计算资源。通过方法论工具集、最佳实践和产品技术，开发人员可专注于应用开发过程本身。

未来，芯片、开发平台、应用软件乃至计算机等将诞生于云上，可将网络、服务器、操作系统等基础架构层高度抽象化，降低计算成本、提升迭代效率，大幅降低云计算使用门槛、拓展技术应用边界。

8. 趋势八：农业迈入数据智能时代

传统农业产业发展存在土地资源利用率低和从生产到零售链路脱节等瓶颈问题。以物联网、人工智能、云计算等为代表的数字技术正在与农业产业深度融合，打通农业产业的全链路流程。

结合新一代传感器技术，农田地面数据信息得以实时获取和感知，并依靠大数据分析与人工智能技术快速处理海量领域农业数据，实现农作物监测、精细化育种和环境资源按需分配。

同时，通过 5G、物联网、区块链等技术的应用，确保农产品物流运输中的可控和可追溯，保障农产品整体供应链流程的安全可靠。农业将告别"靠天吃饭"的时代，进入智慧农业时代。

9. 趋势九：工业互联网从单点智能走向全局智能

受实施成本和复杂度较高、供给侧数据难以打通、整体生态不够完善等因素的限制，目前的工业智能仍以解决碎片化需求为主。

新冠肺炎疫情中数字经济所展现出来的韧性，让企业更加重视工业智能的价值，加之数字技术的进步普及、新基建的投资拉动，这些因素将共同推动工业智能从单点智能快速跃迁到全局智能。

特别是汽车、消费电子、品牌服饰、钢铁、水泥、化工等具备良好信息化基础的制造业，贯穿供应链、生产、资产、物流、销售等各环节在内的企业生产决策闭环的全局智能化应用，将大规模涌现。

10. 趋势十：智慧运营中心成为未来城市标配

过去十年，智慧城市借助数字化手段切实提升了城市治理水平。但在新冠肺炎疫情防控中，一些所谓的智慧城市集中暴露问题，特别是由于"重建设轻运营"所导致的业务应用不足。

在此背景下，城市管理者希望通过运营中心盘活数据资源，推动治理与服务的全局化、精细化和实时化。

而人工智能物联网（AIoT）技术的日渐成熟和普及及空间计算技术的进步，将进一步提升运营中心的智慧化水平，在数字孪生基础上把城市作为统一系统并提供整体智慧治理能力，进而成为未来城市的数字基础设施。

五、NTT：2021年五大颠覆性技术趋势

近期，全球技术服务商 NTT 发布了一份报告，对 2021 年"颠覆性未来"技术趋势进行预测，反映出新冠肺炎疫情大流行对加速社会数字化转型的影响。预测指出，在 2021 年，五大颠覆性技术有望帮助企业实现安全、可持续增长并减少环境负荷。

1. 全光子网络（All-photonics Networks，APNs）将赋能全球通信

将使服务器和终端之间实现端到端的信息传输，并使我们能够运行超低功耗的可持续通信环境。

2. 认知基础（CF）技术将连接并控制一切

信息与通信技术（ICT）资源的集中管理和敏捷分配将提供集成各种传感器信息（语音、视频或其他信息）的能力，并支持物联网计划。

3. 数字孪生计算（DTC）将通过整合现实世界和虚拟世界实现预测分析

DTC 将通过自由复制、组合和交换各种"物"和人的数字孪生来测试

不同的环境。这些信息将被整合到诸如交通拥堵预测系统等应用中，并能在疾病控制领域做出准确预测。

4. "全民开发者"（Citizen Developer）和机器人流程自动化（RPA）的演进将重塑业务

低代码/无代码平台的建立让所有人都可以利用公司的数据创建业务应用，而这将成为业务的重大差异。"全民开发者"策略也将利用机器人流程自动化来实现某些业务流程的自动化，从而能够使员工将精力放在更有价值的工作上。

5. 量子和边缘计算将迎来计算的新纪元

更多的计算工作可以在本地边缘完成，而不是完成于可能造成延迟的中央云中。例如，汽车的计算机视觉系统可以立即识别和处理图像，而不是将该信息发送到云端进行验证。

六、亚马逊：2021年将改变世界的八大技术趋势

1. 趋势一：云向边缘的推进将进一步加速

云计算正在向网络边缘转移，嵌入到随身设备、汽车、家庭和工作场所。未来，将有越来越多原本在云端运行的软件在身边运行，改善人们的生活，从医疗保健到交通运输、娱乐、制造等。

2. 趋势二：机器学习从云端延伸到边缘

机器学习不断扩展，机器对机器的连接将爆炸式增长。2018年，互联网上只有33%的连接是机器对机器的连接。预计到2021年，这一比例将超过50%。

3. 趋势三：图像、视频和音频的表达将超过文字

进入 2021 年以后，键盘会继续没落。人们在屏幕上消耗的文字量将继续减少，将更多地利用多媒体和其他媒介进行交流。预计到 2021 年，60%～80%的互联网流量将是视频、图像和音频，这个数字在未来会加速增长。

4. 趋势四：科技将改变现实世界，就像改变数字世界一样

数据分析将在设计城市和其他热点区域中发挥更大的作用，帮助人们重新设计未来的城市，使人类在保持高效和连接的同时，更好地满足保持社交距离这样的公共健康需求。

5. 趋势五：远程学习在教育中赢得一席之地

当教育方式正在出现一些缓慢变化如在线课程项目 Coursera 或在线服务 Chegg 出现时，新冠肺炎疫情让教育界经历了一场快速且不可逆转的重塑，其程度几乎超过了其他任何行业。远程课堂能使学校的教学系统和学生们灵活应对各种突发事件，无论遇到疫情大流行、自然灾害还是人为灾难，都能确保学习不被中断。

6. 趋势六：小企业竞相上云，东南亚地区和撒哈拉以南非洲将成为领跑者

小企业开始利用先进的云技术服务客户，2021 年将是小企业数字化的一年。美国只有 47%的中小企业拥有自己的网站，预计这一数字在 2021 年会有所增长。

放眼全球，预计东南亚国家，如印度尼西亚、菲律宾、泰国和越南，以及非洲的肯尼亚、尼日利亚和南非，将引领这一趋势。

7. 趋势七：量子计算将蓬勃发展

在探索时期尤为重要的一点是，要让尽可能多的人涉足量子计算领域。随着企业和机构开始初步尝试量子技术，这种专业知识开始走出学术界，

围绕量子未来的各种商业计划、产品与服务雏形就会陆续出现。在未来十年左右的时间里，量子计算将改变很多领域，如化学工程、材料科学、药物发现、投资组合优化、机器学习等。

8. 趋势八：2021年，云技术将在太空方面取得更大进步

目前，卫星数据的接入和处理技术，已经用于帮助研究人员追踪冰川消退，海事机构保护脆弱的海洋保护区，农业学家更准确预测粮食供给。同时，一些初创公司正在探索利用太空发展新一代快速而安全的网络。

七、德勤：2021年技术趋势

2021年1月，德勤管理咨询发布2021技术趋势报告。2021技术趋势报告研究了新冠肺炎疫情一年来对企业战略、运营和技术带来的连锁反应，论述了其重大发现：全球企业正在加速数字化战略转型，从而构建"韧性"、开创全新的经营模式。

报告表明，危机以一种重要而意想不到的方式推动变革，全球企业均在加速数字化转型，不仅是为了运营更加灵活、高效，更主要地是为了应对市场需求和客户期望的剧烈波动。在这样的背景下，报告讨论了接下来18至24个月及以后的九大技术趋势，包括未来的工作环境、人工智能产业化、关键核心业务的升级以及支持多样性、公平性和包容性的技术等内容，分为三大类。

（1）企业技术方面，关注协调公司和技术战略的重要性；重新审视企业如何利用云计算、低代码和平台战略等进行数字化创新，优化遗留资产；深入研究供应链转型。

企业的核心在于战略工程化、激活核心系统、解放供应链，从而确保组织战略和技术战略协同一致，方可成功。

（2）人机交互方面，报告着眼于未来工作场所、数字化体验趋势以及支持多样性、公平和包容的新技术。

为数十亿人量身定制、整合数字与现实、重启数字化工作环境，为客户、员工和利益相关者提供了正反两个方面视角：如何更好地融合线上与线下体验，从而创造更多价值。公平性与包容性（DEI）技术介绍了日益复杂的公平工具如何在人才生命周期中确保组织的公平与包容，并持续推动创新。

（3）数据方面，报告关注领先企业如何利用 MLOps 将 AI 工业化，并由此让机器而不是人来管理数据。报告还关注了数据安全方面的趋势。

这些技术趋势明确了在动荡的一年中更具希望的一面。新技术和正在实施的新业务计划展现出了良好的前景。

1. 战略和工程化

今天的技术为某些组织带来了新的竞争优势，同时也给某些组织造成生存的威胁，造成的结果是公司战略和技术战略之间的界限变得模糊不清。而那些具有远见且精明的企业战略家把技术和竞争格局看得更为长远，在技术加持的业务拓展中考虑更多的未来可能性。

但是，不确定性和可能性的复杂范围可能超出了人类大脑自身的处理能力，因此，他们转向使用具有高级分析、自动化和 AI 的战略技术平台，以帮助他们做决策。组织正在使用这些工具不断识别来自内部和外部的战略力量，为战略决策提供信息，并监督决策结果。因此，组织正在将战略开发从一个少频、耗时转变为持续、动态的过程，从而帮助战略家更有创造性地思考未来的各种可能性。

2. 激活核心系统

对企业系统进行现代化改造，并将其迁移到云端，有助于释放组织的数字势能。直到现在，这些事情也有可能会破坏同一组织的数字化转型预算。对于很多企业而言，迁移到云上和现代化改造的成本可能会过高，但这种情况将会改变。

目前的趋势是，一些开拓性的公司正在使用巧妙的外包来重塑传统业务,以促进现代化改造。另外,也有一些公司正在探索将核心资产转移到强大的平台中,包括低代码选项。最后,许多公司正在通过解决 ERP 系统的技术债务和将非必要的功能转移到其他平台。在不确定的环境下,这些从传统核心资产中获取更多价值的创新方法可能很快会成为 CIO(首席信息官)数字化转型手册的标准组成部分。

3. 释放供应链

长期以来,供应链一直在考虑做生意的成本,现在正走出后台,进入客户细分和产品差异化的价值前线。面向未来的制造商、零售商、分销商及其他人正在探索如何释放供应链的价值,将其从成本为中心转变为以客户为中心。他们正在收集、分析整个供应网络中共享的数据,以获取更多价值。例如,一些组织正在探索使用机器人、无人机及图像识别等,使得物理供应链交互对员工更加高效和安全。

最大的挑战在于将已建立的供应链转变为弹性的、以客户为中心的供应网络。其对于绝大多数组织至关重要,需要持之不懈的努力。

4. 产业化人工智能

复杂的机器学习模型可以帮助公司有效地发现模式、揭示异常、做出预测和决策,并产生洞察力,产业化人工智能日益成为组织绩效的关键驱动因素。企业意识到需要从个人英雄主义转向工程性能,从而有效地将 ML 模型从开发转移到生产和管理。

然而,笨拙、脆弱的开发和部署过程阻碍了产品团队、操作人员和数据科学家之间的协作。随着 AI 和 ML 技术的成熟,大量的工程和操作规程可以克服这些障碍,有效地扩展 AI,实现业务转型。为了实现 AI 和 ML 的更广泛的变革性收益,手工人工智能时代必须让位于自动化、工业化的洞察力。

5. 机器数据革命

随着机器学习对企业运营和决策的影响增大,越来越多的人工智能先驱认识到,目前遗留的数据模型和基础设施都是为支持人类而不是机器学习决策而设计的,这可能会成为机器学习成功的障碍。所以这些企业正在部署新的技术和方法,包括先进的数据捕获和结构化能力,识别并分析随机数据之间的连接,以及下一代基于云的数据存储来支持复杂的建模。

这些工具和技术可以帮助企业将不断增长的数据量转化为未来的基础,迎接一个新时代的到来。在这个新时代,机器不仅会增强人类的决策能力,还会做出人类无法做出的实时的、大规模的决策。

6. 零信任

复杂的网络攻击和不断变化的企业环境呼唤一个"零信任"架构。在"零信任"架构中,每个访问请求都应该基于所有可用的数据点进行验证。包括用户身份、设备、位置和其他变量,这些变量为每个连接提供上下文,并支持更细微的、有风险性的决策。

数据、应用程序、工作负载和其他资源被视为单独的、可管理的单元,根据最小特权原则提供访问。正确实现"零信任"安全架构所需的自动化和工程可以帮助加强安全态势、简化安全管理、改善最终用户体验,并支持现代企业环境。不过,向"零信任"的转变可能需要大量的努力和规划,包括解决基本的网络安全问题,自动化手动流程,以及根据安全组织、技术领域和企业本身的转型变化进行规划。

7. 重启数字化工作环境

随着线上办公的普及,很多企业都在预测其未来的发展和影响,如远程办公是否是常态,永久的远程办公是否可持续,生产力和员工福利会受到怎样的影响,缺乏同事交流是否影响创新,实体办公室会扮演什么角色等。

如果企业接受线上办公的积极方面,包括使用数字化办公工具、利用平台生成的数据,企业或许能够克服线上办公的缺陷和不确定性。未来随着工作空间的发展,企业可以利用现在线上办公的数据和经验创建繁荣、高效、低成本的办公室，并与远程体验无缝交织在一起。

8. 整合数字与现实

回顾 2020 年，我们会发现这可能是"数字化生活"的转折点，工作、教育等都逐渐线上化。但是，数字互动的盛行也会让人怀念面对面交流的日子。展望未来，消费者可能会期待实体和数字品牌的结合——既有高度个性化的亲身体验，又不牺牲在线交易的便利。

德勤预计，在未来 18~24 个月，线上和线下的互动将不再是分开的体验，客户的购物将是人与数字元素的整合、设计，以创造无缝的品牌体验，以适应个人客户的行为、态度和偏好。

9. 多样性、公平性与包容性技术

越来越多的企业都将多元化、公平、包容（DEI）视为必须，而技术在解决日益复杂的 DEI 挑战中发挥着越来越重要的作用。在未来几个月里，预计企业将会采用新工具，如高级分析、自动化和 AI，以帮助告知、交付和衡量 DEL 的影响。

八、贝恩：十大科技趋势

贝恩公司基于与全球 100 多家科技和初创公司的定期访谈，总结出对众多行业产生影响的十大科技趋势。从边缘 AI 到引领工业 4.0 的 5G，从自动化 AI 到认知科学和游戏化测评，这些科技应用在 2020 年一路高歌猛进，并持续为先进制造、金融服务、医疗健康、零售、消费品、高科技等行业的数字化转型浪潮创造空前机遇。新冠肺炎疫情催生了一场前所未有的技术变革，贝恩建议，企业需要充分把握当今关键的科技趋势，方能行稳致远。此外，通过与创新公司合作，在可靠合作伙伴的支持下，建立强大的新数字能力，从而成功适应未来"新常态"。

1. 边缘 AI

新冠肺炎疫情期间，居家办公导致网络流量激增，边缘 AI 的发展大力提速，或将成为 AI 发展的下一波浪潮。

借助边缘 AI，企业能够在更加靠近用户和设备的一端处理信息，而无须将这些数据发送到云端进行集中处理，从而节约带宽、提高效率。通过在本地部署 AI，制造商可以减少延迟的问题，加速洞察的生成，同时降低云服务的使用和成本。此外，由于边缘 AI 可以在本地处理部分数据，减少了企业使用带宽和蜂窝数据，位于偏远地区、通信基础设施差的工厂不容易遭受由于网络连接问题造成的损失，从而避免影响企业做出重要、及时的决策。

边缘 AI 从云端"窃取"了部分智能，植入到机器中。例如，初创公司 Octonion 运用该技术，将 AI 集成到低功耗微控制器，通过持续学习模型和机器健康评分，使企业能够在本地实时做出明智的决策，包括在工业电机和泵上部署边缘 AI，从而加强监控，建立预测性维护能力。

2. 5G 工厂

数据显示，预计到 2035 年，5G 带来的全球经济效益将达到 13.2 万亿美元，并创造 2230 万个工作岗位。随着全球无线标准开启技术新境界，工业 4.0 转型有望显著提速。

未来，5G 技术能够满足数百万的连接到数据密集型应用的需求，以崭新而强大的数字能力促进制造业繁荣发展。具体看，5G 的运行速度最高可比 4G 快 100 倍，大大降低了延迟，从而实现极速共享数据，消除处理延迟，确保工厂系统能够实时响应。不仅如此，5G 以其连接的可靠性，为工厂内随时随地实现稳定持续的网络连接提供了有力保障，确保关键任务得以持续、无障碍执行。此外，5G 甚至可能开启大规模机器通信时代。

目前，IBM、三星电子、新加坡电信公司 M1 和新加坡资讯通信媒体发展局（IMDA）已率先展开合作，共同测试 5G 在制造业的应用场景。例如，把 AI 应用于图像识别和视频分析，从而提升设备监控和预测性维护能力，促进自动化视觉检测和声学洞察。他们还测试了增强现实技术在提升组装生产效率和质量方面的能力。

3. 定制化保险

2020年，全球智能手机用户预计达到38亿人。移动远程信息处理技术进一步推动了UBI（基于使用量而定保费的保险）的发展，让保险公司能够借助智能手机内置的传感器和跟踪技术来收集实时数据，更好地了解客户的驾驶习惯，从而提供更有竞争力和创新性、基于驾驶行为的车险产品，同时提升驾驶安全性。

例如，初创公司TrueMotion打造并运用移动远程信息处理平台，辨别出哪些司机拥有良好的驾驶习惯，哪些司机的驾驶习惯不良，并且按照相应的驾驶行为得分调整保费。该公司的另一款产品则可以通过智能手机传感器信号检测车辆事故，提供事故背景因素数据。客户还可以在手机上申请理赔，大大简化了理赔流程。在TrueMotion的App上，用户可以看到自己的驾驶行为得分，以及分心驾驶、急刹车或处于危险情况的次数。

4. 以人为本的AI

经济学人智库预测，到2025年，银行和保险公司的AI投资将增加86%。如果企业想要充分挖掘AI的潜力，就需要让几乎没有计算机科学背景的员工也能使用AI，从而提高运营绩效。因此，打造便于员工使用、理解和决策的AI平台，将是大规模部署AI的关键。

以DreamQuark的Brain为例，作为一个面向金融行业销售和客户经营团队的全自动化AI平台，即使没有数据科学背景的员工也可以使用这家初创公司独有的深度学习技术，通过预置App创建AI模型。DreamQuark表示，某一线银行通过该平台创建了一个应用程序，可以发现40%以上的信贷欺诈者。此外，一家顶尖法国保险公司也通过该平台评估了客户对不同产品的偏好，如养老金、退休产品以及储蓄保险，并向保险顾问分析了得分背后的依据。

5. 网络安全

贝恩公司去年进行的一项研究显示，大多数公司高估了自身网络安全表现，仅 24%的公司真正达到了标准。识别常见的 IT 安全弱点，提高网络安全成熟度，是打造有韧性的数字企业的核心。

黑客的攻击手段之一是破坏企业的 Active Directory（AD）基础设施，该设施用来控制用户验证权限和企业网络访问权限。通过该手段，网络犯罪分子得以控制 CEO 的手机，盗用其身份，并获取内部机密信息。网络安全初创公司 Alsid 建议，客户应当为 AD 基础设施定制安全措施，加强监控以实时检测攻击，并调查所有 AD 违规行为。这可能会涉及非常庞大的网络。比如，Alsid 合作的一家大型药企拥有 36 万个 AD 用户账户，分布在 170 多个国家，另一家大型电信客户在全球则拥有超过 100 万 AD 用户。

6. 人员配置优化

全球范围内，每年因员工缺勤给企业造成的损失可达数千亿美元。零售业尤其依赖顾客与店员的面对面交流，而新冠肺炎疫情使这一点变得尤为困难。全球约有 88%的零售商表示，宁愿安排加班或额外增加人手，也不愿意冒人手不足的风险，但这种做法会导致企业的人力成本增加进而导致利润下降。

面对该困境，领先的人力管理技术能够帮助零售商快速应对工作高峰和员工缺勤问题，大大提高劳动力敏捷性，最终提升运营表现和盈利能力。

例如，某化妆品巨头发现其面临暂时性的人手短缺，导致客户服务水平下降。为此，该公司的管理人员使用了初创公司 Andjaro 开发的人员配置优化平台，管理并调动组织内部各地区的临时人员。借助该平台，管理人员可以快速发布人员需求，分享员工可工作的时间段，而 Andjaro 的算法可以为管理人员配备可用的员工，计算员工往来于所在地和派遣地之间的时间，并生成法律文件和工资信息。

Andjaro 每年为所有客户处理总计 25 万次内部员工调动，节省 2000

万欧元的人力成本。对于该化妆品巨头,店员可在平台上实时分享自己的可工作时间段,有助于企业优化人员配置,显著提升了客户服务质量和净推荐值。

7. 健康数据

到 2025 年,医疗健康大数据市场预计将达到近 700 亿美元,几乎是 2016 年的 6 倍。健康数据收集的迅速提速,为行业带来了前所未有的机会。企业可以部署具有突破性的 AI 等数字能力改善治疗效果,并通过对健康数据的智能化使用,大大提升了照顾和护理患者的水平。

例如,通过与贝恩产品和体验创新团队的合作,一家欧洲领先医疗耗材和服务经销商将机器学习等 AI 技术应用到了难愈创面的治疗中,为医护人员开发了一款移动 App。这款 App 作为医疗设备已获批,可利用图像识别技术来判断伤口是否感染或发炎。它的使用大大减少了不必要的抗生素使用,并将难愈创面的愈合时间从几年缩短到几个月。

8. 新一代人力资源转型

到 2025 年,"千禧一代"将占到全球劳动人口的四分之三。随着企业面对越来越多的数字原生代应聘者,推动招聘流程的现代化势在必行。运用技术建立创新的招聘流程,可以提升人力资源(HR)团队的绩效表现,更快地发现最有潜力的应聘者,同时满足新生代人才的期望。

现代化招聘看起来可能和传统招聘流程截然不同。例如,初创公司 Goshaba 提供了新一代招聘解决方案,不用依靠简历即可自动筛选应聘者。凭借在认知科学和游戏化测评方面的技术专长,Goshaba 创建了适用于智能手机、平板电脑和计算机的迷你游戏:通过流畅投入的体验,评估应聘者的工作经验、技术专长、知识技能、软技能、文化契合度和其他因素。根据软件生成的匹配分数,HR 能够快速筛选入围面试的最佳应聘者,提高工作效率。此外,通过限制年龄、种族等选择偏见,同样有助于提升人才选拔的客观性和多样性。

9. 循环经济

根据 Gartner 预测，到 2029 年，循环经济有望取代线性经济。伴随消费者和股东越来越重视可持续发展，从销售产品的交易关系向生产和消费模式（包括共享、租赁、再利用和回收现有材料和产品）转型的势头愈演愈烈。在此背景下，企业面临的压力加剧，势必要减少生产产品和服务过程中消耗的自然资源。

以初创公司 Lizee 为例，其通过提供白标 SaaS 解决方案、仓库设施和物流服务，为零售品牌建立租赁模式。比如，其帮助一家时装公司完成了登记租赁订单、订单发货、租赁产品回收、产品清洁、数据收集和回仓等工作。

10. 零浪费

联合国粮食及农业组织指出，每年全球都有 30% 以上的粮食被丢弃或浪费，而通过先进的技术既能够大大减少零售商和企业丢弃食物的现象，提高食品安全，又可以帮助全球数亿的饥饿人口（2019 年全球共有 8.21 亿饥饿人口）。

例如，初创企业 Phenix 开发的一款移动 App，旨在帮助大型食品零售商、当地企业、生产商和批发商以半价的价格将多余的食品出售给消费者，剩余食品则捐赠给食品慈善机构，每天可以节省 12 万份餐食。通过这款 App，消费者可以找到最近的 Phenix 商业合作伙伴，选择商家和餐食类型（素食、有机、清真等），安全支付后收到取餐时间通知。此外，Phenix 还与一家全球领先的饮料公司合作，避免 230 万瓶饮料在新冠肺炎疫情期间被浪费。

九、北京电子学会：2021—2025 年数字经济九大技术趋势展望

根据通信世界网（CWW）消息，数字经济分为数字化、互联网（固定

互联网&移动互联网&物联网)、数字孪生三个阶段,当前正处于第二个阶段。不同国家、不同地区、不同行业、不同企业的数字经济发展的进程不同,当前我国正处于数字经济的中期,技术进步对于社会发展的影响越来越大,生产方式、生活方式、商业模式都在加速推进。总体来看,社会生产力需求推动了技术的进步,技术的进步又进一步推动了经济的发展。基于此,预判了未来5年数字经济中的关键技术发展趋势。

(一)互联网与物联网

1. 互联网:上半场 toC 向下半场 toB 迁移

随着各大互联网公司互联网生态的兴起,整个 toC 互联网生态进入互联网公司寡头垄断甚至在部分领域完全垄断的时代,随之而来的是 toC 市场"跑马圈地"时代已经结束,中小型互联网企业已经很难通过简单的投资和创业获得市场份额并做大做强,整个互联网生态进入下半场。

下半场是庞大的 toB 时代,互联网企业、电信运营商、软件类企业纷纷杀入 toB 主战场,未来 5 年,toB 预计将产生 20 万亿元的大市场,集中在企业云计算、工业数字化、工业设计、工业互联网、智能制造、虚拟专网、数字孪生工厂、工业机器人等诸多领域。

2. 工业互联网:消费互联网与工业互联网逐步对接

消费互联网推动移动互联网时代大发展,消费需求是刚性需求,带动力最强,线下消费活动与线上消费活动共同发展。2019 年,线上商品消费额占社会商品零售额的比例已经超过 53%,虽然增长趋势放缓,但是线上消费具备无可比拟的价格优势、效率优势,可以放缓甚至在局部拉平 CPI 涨幅,延缓通货膨胀带来的社会压力。2020 年,新冠肺炎疫情期间线上消费意愿达到了 70% 以上,但是,我们也应看到线上经济与工业制造业能力提升之间还有一个瓶颈——消费互联网与工业互联网之间的鸿沟。未来 5 年,工业互联网的重点是逐步填平这个鸿沟,工业互联网平台不能仅关注 toB,

其最根本的活力源泉来自消费互联网。

3. 车联网：汽车与道路的数字化是车联网的前提

虽然车联网已经有 20 年左右的发展历程，但是其依然处于萌芽期，最根本原因是公路交通、车辆制造等有较高的安全标准。当前的车联网、智能网联汽车或无人驾驶各种技术体系最本质的还是汽车与道路的数字化、车路协同联网、数字孪生交通这条线，而汽车与道路的数字化是前提和基础，跳过这一步谈无人驾驶则是空中楼阁，失去安全性这一前提将使大量的创新失去意义。

未来 5 年，只有从汽车设计与制造、道路设计与基础设施、交通管控方面去考虑数字化，并与车联网技术并驾齐驱才能加快车联网的发展，而我国推广电动汽车的政策恰恰是汽车数字化的契机和时间窗口。道路的数字化需要民营物联网企业作为主角，并结合交通管理部门的统一布局。

4. 移动互联网：二线移动互联网应用 App 进入"合纵连横"时代

按照互联网企业的规模，移动互联网应用 App 可以分为一线、二线、三线、四线互联网应用。互联网巨头大发展的背后是众多有核心技术的二线移动互联网应用 App 处在生死边缘，而数以万计的三线、四线互联网应用已经消失。未来 5 年，这些二线的 App 如果想活下来就必须"合纵连横"，进行整合，长板对接，避免重复建设、恶性竞争。只有这样，才能让互联网生态呈现金字塔形状，而不是互联网巨头一家独大、资本无序扩张。移动互联网产业要想实现可持续发展，最根本的办法是形成以技术为核心的产业链良性竞争。

（二）云计算

1. 云网融合：电信运营商开展政企行业的敲门砖

在 toC 领域，互联网公司抓住了移动互联网的巨大商机和社区需求，形成了垄断型的互联网生态，而电信运营商错失了重要的转型时间窗口；

而在 toB 及 toG 领域，云网融合为电信运营商提供了重要的切入点。中国电信认为云网融合包含 4 层含义——网是基础，云为核心，网随云动，云网一体；中国移动面向 toB 市场重构了云网架构，持续打造云网边行业专网，结合 $N+31+X$ 移动云布局提出了"一朵云、一张网、一体化服务"的云网一体化策略；中国联通推出了包括云联网、云组网、云专线、云宽带、联通云盾、视频智能精品网、金融精品网等在内的七大产品。

云网融合是未来发展大趋势，并且将从 IaaS/PaaS/SaaS 方向逐步升级，市场价值也逐步提高，因此未来 5 年，电信运营商云网融合将往 SaaS 方向发展，电信运营商基于云网融合的政企业务未来将有较大市场空间，而且相对于互联网公司在网络方面具备无可比拟的优势。

2. SaaS 云服务：中国市场营销类 SaaS 新巨头将诞生

国内数字经济的发展从模仿借鉴欧美发展历程向自主创新转变。以公有云为例，SaaS 服务能够给企业带来巨大的成本节省，对标欧美，国内 SaaS 行业潜力巨大。国外以 Salesforce 为例，其市值 1000 多亿美元，开始于销售自动化，是 SaaS 行业的开创者，业务包括 CRM、客服、营销等多领域。著名的 SaaS 企业还有 Workday（人力资源）、ServiceNow（IT 服务）、Atlassian（在线开发协作平台）、Zoom（视频会议）、hopify（商城建站系统）等，这些企业总市值已达数万亿美元。

可以预见的是，未来 5 年，国内也将诞生超级 SaaS 平台。希望可以看到 BAT 等巨头之外的企业，例如电信运营商、软件企业、云服务企业能够百花齐放，出现新的 SaaS 新巨头。

3. 云存储服务：基于移动互联社交的云存储将爆发

随着移动互联网社交平台的深入推进，社交软件正逐步从 toC 向 toB 延伸，企业组织架构的社交化也改变着移动互联网新的生态，电子邮件的使用率正在下降，很多普通的文件来往正在从邮箱向社交软件迁移。随之而来的是手机内存的瓶颈问题，五年前手机内存的主流是 64GB，当前是

256GB。未来 5 年，手机制造成本正在上升，催生移动互联网、社交软件与个人及企业云存储市场的爆发。

（三）数字孪生

1. 数字孪生城市将从萌芽期迈入成长期

数字孪生城市的内涵是在城市信息的建设过程中，在虚拟的数字环境中再映射出城市环境中的物理环境和管理流程活动，通过数字孪生理念和统一的平台，实现高效可持续的城市管理方式。

数字孪生城市的发展是循序渐进的，数字孪生城市概念并没有广泛推进，但是由于其理念是遵循物本原则，即在数字世界里孪生一个城市，因此无论智慧城市进程发展到哪一步，数字孪生城市都是不可逾越的阶段，而且演进必然遵循以下规律：从建筑行业向园区规划、城市规划、公共安全、交通、水利、商业、旅游等行业逐步扩展，从单体的建筑向建筑群、经济开发区、园区、整个城市扩展，从平面 2D 图向 3D 图、3DGIS 图扩展，从建筑 BIM 走向城市 CIM，从单纯的平面展示向立体、VR、全息投影显示，从最基本的城市建设向城市安全、城市治理、城市服务、产业发展延伸，从单体智能向群体智能、城市电脑逐步演进。

2. 数字孪生从高端装备制造向全行业拓展

因为工艺精确度要求最高，数字孪生源于高端装备制造，且在这个领域应用价值最大。采用三维数字化设计技术和预装备技术，三维设计工作站做零件设计、装配设计，取代过去高端装备需要成千上万人手工画图。全三维数字化设计研制周期缩短，减少返工量，质量更高、成本更低，在国际市场上的竞争力更好。数字孪生也正在从高端制造向生活消费品制造、基础设施领域拓展。

（四）大数据

1. 数据立法从智慧城市向全领域拓展

数据是物权还是知识产权？笔者认为两者都不是，因为无论是物权还是知识产权更多谈及的是工业文明范畴，数据是数字经济时代的产物，因此数据权是区别于物权和知识产权的新型产权，只有把数据产权界定清楚，数据才能按照市场规则、资本利得规律合理流动起来，从而减少信息孤岛，避免陷入数字化鸿沟。

当前我国的数据立法还是类似政策指导意见，未来围绕数据立法将形成以《中华人民共和国数据安全法（草案）》为条线的新型法律体系，各地的大数据管理局未来将参照房产局、知识产权管理局，具有管理、注册、监督引导市场的作用。

2. 从数据被侵权到数据觉醒

我国有全球最庞大的互联网消费群体，用户的检索、浏览、购买等数据被互联网公司收集。过去用户只能被动地接收推送信息或者被转让给第三方。随着人们对个人数据的关注度越来越高，数据侵权的情况正在引起消费者的强烈关注，网民开始进入数据觉醒状态。数据觉醒也会推动国家对数据权立法。

（五）区块链

1. 区块链定位：数字世界的契约机制

在工业经济时代，交易是通过有形的契约中的违约责任条款约定及实现的；而数字经济时代同样也需要信用机制，但是不同的是它是在数字环境，市场经济的本质是信用经济。如果不能通过安全可靠的机制达成交易互信，市场交易的成本就会极高，区块链则赋予数字世界新的契约机制，去中心化、分布式记账方式让信用机制变的扁平化、众筹化，符合互联网经济平等、共享的特点。

2. 数字货币进入商用化阶段

当前物理世界的金融体系也是基于工业经济的，数字经济时代也必然呼唤新的金融体系。中国人民银行副行长范一飞曾明确提出，中国央行数字货币应采用双层运营体系，人民银行先把数字货币兑换给银行或者是其他运营机构，再由这些机构兑换给公众。与纸币不同的是，所有交易过程都是可追溯的，这就达到了物理世界所达不到的效果。进入数字货币时代，贪腐、网络洗钱、互联网金融诈骗将无处遁形，基于工业经济传统货币模式下的互联网金融P2P将在数字货币时代重新焕发生机。

（六）5G 技术

1. 5G 建设从导入期进入规模发展

4G 时代到来之前，移动通信技术是落后于市场需求的，人们普遍期待的泛在网络连接，从固定互联网到移动互联网是看得到的市场需求，激活丰富的市场业态。而对于 5G 网络来说，市场需求并没有被充分挖掘。因此，未来 5 年，中国 5G 仍将慢慢从导入期进入规模发展期。各行业从 4G 向 5G 迁移的边际效益不明显，VR、工业互联网、8K 高清、云桌面等各种应用的普及将拉动 5G 网络的需求。

2. 5G 的撒手锏应用为车联网

除了个人市场庞大的消费群体之外，还有一个超大型的市场就是车联网。2020 年年底，全球汽车保留量已经超过 15 亿辆，其中中国为 2.7 亿辆。未来车联网的根本是在汽车生产制造过程中，提高车辆的数字化程度，使车辆在静态和行驶中的各项数据能够通过车联网实现车路协同、车车协同，而不再单纯依靠基于手机的移动互联网。车联网要发展需要摆脱对手机移动互联网和物联网的依赖，而是把汽车数字化、道路数字化，把汽车作为一个移动的物联网终端，让车联网终端成为汽车出厂的标配，从而推动车联网的快速发展。

(七) 6G 技术

1. 6G 标准将探索物网融合新时代

6G 相对于 5G 将不仅是容量、带宽、时延大幅度的提升，而是更紧密地与物理世界融合、与生产融合、与生活融合。

6G 将是太赫兹波时代，其兼具微波通信及光波通信的优点，即传输速率高、容量大、方向性强、安全性高及穿透性强等。太赫兹波在 2004 年由美国提出，被列为"改变未来世界的十大技术"之一。它的波长在 3~1000μm 之间，而频率在 300GHz~3THz 之间，高于 5G 使用的最高频率，即毫米波的 300GHz。6G 系统的天线将是纳米天线。4G、5G 移动互联网时代，手机可以实现位置定位、读取二维条码、NFC 功能、海拔高度、运动步数等，万物互联 (IoE) 的定义为将人、流程、数据和事物结合，使得网络连接变得更加相关、更有价值，地面基站与卫星通信集成从而真正做到覆盖全球。网络将无处不在、无时不有，物就是网，网就是物，这就是物网融合的新时代。

2. 6G 将与区块链、云计算结合打造数字孪生世界

6G 将迈向太赫兹频率，同时会引入基于区块链的动态频段共享技术，数字世界内部的数据与技术的共享，物理世界与数字世界的交互要通过一种可信机制来完成，而区块链充当这个角色比较合适。此外，5G 乃至 6G 网速的进一步指数级提升，终端的存储将产生瓶颈，技术进步、生产力提升需求、生活方式需求、市场规模需求等是一个相互促进的过程，通过数字孪生建立一个规范化的数字世界，让其更好地为人类服务。

(八) 量子技术

量子信息科学是量子力学与信息科学等学科相结合而产生的新兴领

域，重点发展方向包括量子通信、量子测量和量子计算3个领域，分别面向保密通信、超强计算、精密探测，均突破了信息科学的经典极限。虽然，目前大部分技术还处在试验、试点示范的阶段，但未来，量子技术或将成为智能经济时代的"新基建"。

1. 量子保密通信技术将进入规模商用化

各不同的个别粒子，即使相距遥远，一个发生变化，另一个会瞬时发生相应改变，基于光纤网络的量子保密通信技术和星地量子密钥分发技术，因"量子霸权"到来的可能，量子保密通信技术必然要超前于量子计算。

2. 量子计算将在未来5年进入持续竞争状态

量子计算机以云计算的方式提供给用户使用。随着移动通信网速的提升、手机端等终端存储和计算的瓶颈，量子计算机将主要在数据中心为各种智能化的应用提供算力服务。如果用计算机的发展历程作为参照，量子计算机目前还处在经典计算机的电子管时代，仅完成了原型机和退火机，量子计算相对冯诺依曼架构是质的飞跃，还需要很长时间才能商用化。

从这个角度来看，当前的数据中心建设模式还将持续，但是未来的计算将从大型、超大型数据中心向边缘计算回归。类似人工智能的发展还将经历专用人工智能、通用人工智能、自主创新人工智能3个阶段一样，量子计算也将经历专用量子计算（又称退火量子计算）、通用量子计算、超级量子计算3个阶段，未来5年通用量子计算将进入萌芽期。

（九）人工智能

1. 开始出现通用人工智能的萌芽

就像从工业经济迈入数字经济一样，数字经济之后的阶段是智能经济。如同工业经济时代已经有了数字经济的萌芽，数字经济时代也已经有了专用人工智能技术的萌芽，比如人脸识别、图像识别、智能语音识别、L4级的无人驾驶等，而将这些专用人工智能技术中的3种及以上融合在一起就是通用人工智能。未来5年，在一些技术成熟的领域将出现通用人工智能的萌芽。

2. 人工智能将遭遇算法瓶颈

在深度学习领域，人工智能未来5年将遭遇瓶颈期。机器学习、深度学习和神经网络，用数学上集合里的概念去理解这三者之间的联系，他们之间依次是包含的关系，即机器学习包含深度学习，深度学习包含神经网络。其中，四层以上的神经网络就可以称之为深度学习，而深度学习是一种典型的机器学习。这个体系在过去4年和未来5年都将持续遭遇瓶颈，说明在数字经济发展不够充分基础上的智能经济的发展还只能处于"萌芽期"。

总之，技术的发展动力来源于打破经济瓶颈，技术的发展进一步推动经济发展，如此循环往复，分析其关键本质对于认知数字经济、把握历史机遇期非常重要。

反侵权盗版声明

电子工业出版社依法对本作品享有专有出版权。任何未经权利人书面许可，复制、销售或通过信息网络传播本作品的行为；歪曲、篡改、剽窃本作品的行为，均违反《中华人民共和国著作权法》，其行为人应承担相应的民事责任和行政责任，构成犯罪的，将被依法追究刑事责任。

为了维护市场秩序，保护权利人的合法权益，我社将依法查处和打击侵权盗版的单位和个人。欢迎社会各界人士积极举报侵权盗版行为，本社将奖励举报有功人员，并保证举报人的信息不被泄露。

举报电话：（010）88254396；（010）88258888
传　　真：（010）88254397
E-mail：　dbqq@phei.com.cn
通信地址：北京市万寿路173信箱
　　　　　电子工业出版社总编办公室
邮　　编：100036